# कचहरीनामा

# कचहरीनामा

मनीष भार्गव

सन्मति

Title : Kacharinama
ISBN: 9789390539505
Author: Manish Bhargava


प्रकाशक
सन्मति पब्लिशर्स
Website : www.sanmatiindia.com
Email: sanmati555@gmail.com
प्रथम संस्करण: मई 2022
मूल्य : ₹150
Processed and Printed By:
Tingle Books, Hapur

यह किताब कुछ कल्पना और कुछ लेखक की ज़िंदगी में घटी घटनाओं का ताना-बाना है। स्थानों और संस्थाओं के नामों का प्रयोग केवल कथ्य को प्रामाणिकता प्रदान करने के लिए किया गया है। कहानी में आये सभी चरित्र, नाम और घटनाएँ लेखक की कल्पना और सत्य अनुभवों का मिश्रण हैं।

नमस्कार साथियों, आप सबके साथ अपनी तीसरी किताब समर्पित करते हुए प्रसन्नता हो रही है। पिछली दो किताबें 'बेरंग लिफ़ाफ़े' व 'नल दमयंती सतयुग की अमर गाथा' को आप सभी के द्वारा मिले सम्मान व प्रोत्साहन की वजह से ही, इतने कम समय में तीसरी किताब आपके सामने लाने में सक्षम रहा हूँ। अब तक की प्राप्त प्रतिक्रियाओं से यह ज्ञात हुआ कि मेरे द्वार लिखे गए प्रशासनिक अनुभव, आप सभी के द्वारा सर्वाधिक पसन्द किये गये और इसी कारण यह पूरी किताब उन्हीं प्रशासनिक अनुभवों पर आधारित है, जो मैंने अपने विभिन्न कार्यालयों की पदस्थापना व अलग-अलग पदों पर कार्य करते हुए गहराई से देखे व जिए हैं।

मुझे पूरी आशा इस किताब को आप सभी से भरपूर प्यार मिलेगा। साथ ही यह भी आश्वस्त करता हूँ कि इसे पढ़कर आप अपने आसपास के व अपने द्वारा देखे गए कार्यालयों को सिर्फ जानेंगे ही नहीं, बल्कि जिएँगे भी

मुझे पूरी उम्मीद और विश्वास है कि इसे पढ़ने के बाद अपने अनुभव अवश्य साझा करेंगे। अब जब यह किताब आपके हाथों में हैं, उसके लिये साधुवाद

**- मनीष भार्गव**

यह रचना समर्पित है मेरी पत्नि, प्रीती भार्गव को, जिसके द्वारा निभाई जाने वाली जिम्मेदारी और हर कदम पर मेरा साथ देने की इच्छाशक्ति की वजह से, परिवार खुशहाल है और मैं सृजनशील।

# अनुक्रमणिका

# जन सुनवाई

**14 मई, 2013**

जिला मुख्यालय पर कलेक्टर कार्यालय के पास बने बड़े सभागार के बाहर भीड़ लगी हुई है। लगभग 100 किलोमीटर और 318 गाँवों में विस्तारित जिले के अलग-अलग हिस्सों से कई लोग इकट्ठा हुए हैं। हाथ में छड़ी लिए चार पुलिस कर्मचारी अनुशासन बनाने के लिए खड़े हैं। अभिजात प्रशासन और जनता के बीच ये हमेशा रहते हैं, कभी अधिकारियों की सुरक्षा के नाम पर तो कभी जनता की सुरक्षा के नाम पर। कर्तव्य विवशता में उन्हें ऐसा करना ही पड़ता है।

महेश नामक एक पुलिस कर्मचारी अपने सहकर्मी नीरज को, बार-बार कौतूहलवश भीड़ की तरफ देखने पर कहता है, “आज मंगलवार है, आज जन सुनवाई होती है।” नीरज नई नौकरी में प्रशिक्षण पूरा कर पहली बार पुलिस कार्यालय के बाहर फील्ड में अपने कर्तव्य पर आया है। उसके लिए यह सब नया अनुभव था।

“क्या बला है यह जन सुनवाई, और इतनी भीड़ क्यों है?” जानकारी न होने के कारण वह पूछता है।

“प्रत्येक मंगलवार को कलेक्टर साहब दो घंटे के लिए जनता की शिकायत सुनने को बैठते हैं। इस दौरान इस जिले का कोई भी व्यक्ति अपनी शिकायत लेकर आ सकता है। साहब उसकी सुनवाई तुरंत करते हैं, और तमाम अधिकारियों को भी बुलाते हैं ताकि तुरंत फैसला कर सकें।” महेश ने समझाया।

“अच्छा! सप्ताह में सिर्फ दो घंटे जनता के लिए काम करते हैं, फिर बाकी समय किसके लिए काम करते हैं?” नीरज ने फिर पूछा।

“और पूरे सप्ताह सरकार के लिए काम करते हैं, जैसे हम एसपी साहब के लिए करते हैं।” महेश ने व्यंग्य के लहजे में जवाब दिया और दोनों हँसने लगे।

जन सुनवाई में 100 से ज्यादा आवेदक आए हुए हैं। उनमें से एक मनोहर लाल अपनी बूढ़ी माँ को साथ लेकर आया है। उसे सरपंच

साहब ने बताया था कि नए कलेक्टर साहब आए हैं, तुरंत फैसला करते हैं। एक उदाहरण सहित समझाते हुए उन्होंने कहा था, "जिले में आने के अगले दिन ही उन्होंने एक गाँव के मास्साब को बिना समय गँवाए, बिना सुने निलंबित कर दिया था, जिनकी शिकायत गाँववालों ने दो दिन पहले उनके गाँव के दौरे पर ही की थी और कहा था कि वो विद्यालय परिसर में बच्चों से सफाई कराते हैं।"

सुबह आठ बजे से ही लाइन लगनी शुरू हो चुकी थी। अनुविभागीय अधिकारी राजस्व (एसडीएम), तहसीलदार, नायब तहसीलदार जैसे सभी अधिकारी बीच-बीच में देखकर जा रहे थे। बड़े साहब के लिए पानी की बोतल कचहरी या कलेक्टर कार्यालय से लगे होटल से आ चुकी थी। अन्य स्टाफ के लिए भी मयूर जग भरवाकर हॉल के कॉर्नर में डिस्पोजल गिलास सहित रखवाया गया था। इनके अलावा सभी के लिए गैलरी के बाहर रखी सीमेंट की टंकी भरवाई गई थी। दरअसल, आपातकाल के समय किसी पशुचिकित्सा अधिकारी ने दरियादिली दिखाते हुए जानवरों के लिए बनी हुई पानी की हौदी यहाँ रखवा दी थी, जिससे जनता की प्यास बुझती थी और उसी से होमगार्ड के कर्मचारी भी पानी पीते थे।

दोपहर के बारह बज चुके थे, साहब अब तक आए नहीं थे। कुछ अफसर जैसे लगने वाले लोग बार-बार आम लोगों के बीच से निकलकर जा रहे थे। वे कहते, "हटो-हटो, साहब के लिए रास्ता छोड़ो। अभी साहब के आने में समय है, उनकी मुख्यमंत्री जी से ऑनलाइन मीटिंग चल रही है।"

पूरी भीड़ को लगता, ये जरूर कोई साहब के खास आदमी होंगे, इन्हें सब पता है। कई लोग उनके सामने हाथ जोड़कर खड़े हो जाते जैसे उनके देखने मात्र से ही इनकी जन सुनवाई सफल हो जाएगी, बिल्कुल वैसे ही जैसे एक भक्त अपने दुख में बड़ी उम्मीद से किसी मूर्ति के सामने हाथ जोड़कर भाव-विभोर हो जाता है। बीच-बीच में कुछ नेता जैसे लगने वाले लोग या दलाल भी हॉल के अंदर-बाहर चक्कर लगा रहे थे। उन्हें देखकर भी कई लोग जोश से भर जाते, यह सोचकर कि हमारे बीच के नेता भी अधिकारियों जैसी हैसियत रखते हैं। कभी-कभी ऐसे

नेताजी किसी पर हाथ रखकर कह देते, "चिंता मत करना, बॉस से फोन करा दिया है।"

यह सुनकर अन्य कई लोग सोचते कि काश! हमारा भी कोई बॉस होता, फिर ईश्वर पर भरोसा कर कहते, "बड़े साहब बहुत अच्छे हैं, वो किसी भगवान से कम नहीं हैं।" इसी उम्मीद से मनोहर लाल अपनी माँ को गोद में उठाए खड़ा था।

ऐसी तपती मई की गर्मी और उसमें भी दोपहर हो चुकी थी। सभी लोग पसीने से भीगे हुए थे। बाहर लू चल रही थी। पर बीच-बीच में किसी के अंदर जाते या बाहर आते समय सभागार या हॉल का दरवाजा खुलने पर एक ठंडी-सी हवा आती थी, जिससे आगे खड़े हुए चार-पाँच लोग खुश हो जाते। उनमें से कोई न कोई कह देता, "एसी लगा है अंदर। जो भी साहब के पास जाता है उसे गर्मी में नहीं बैठना पड़ता।" बीच-बीच में इस तरीके से कोई न कोई साहब की दरियादिली और आम आदमी के प्रति प्रेम को बताते हुए तारीफ करता जिससे और लोगों की उम्मीदें बढ़ जातीं।

आखिर दोपहर बारह बजे के कुछ देर बाद कलेक्टर साहब आते हैं। पुलिस अधीक्षक (एसपी) और अपर कलेक्टर उनके साथ ही हैं। अपर कलेक्टर राजस्व (एडीएम), अपर कलेक्टर विकास (जिला पंचायत सीईओ), समस्त अनुविभागीय अधिकारी, सभी विभाग प्रमुख व जिला प्रमुख, तहसीलदार, सभी जनपद पंचायतों के मुख्य कार्यपालन अधिकारी, नगरीय निकायों के मुख्य कार्यपालन अधिकारी, समस्त उप विभाग प्रमुख आदि सभी प्रकार के जिले, अनुभाग, तहसील और जनपद स्तर के अधिकारी उपस्थित हैं। अन्य विभागों के सभी प्रमुखों को भी पहले से उपस्थित होने के निर्देश दे दिए गए थे, ताकि जिस विभाग का मुद्दा है उसे तुरंत हल किया जा सके या मौके पर ही समाधान हो सके। कलेक्टर साहब अंदर आकर बैठते हैं। सभी कर्मचारी सम्मान के कारण या कुछ डर के कारण खड़े हो जाते हैं, या यूँ कहें कि उनके पास इसके अलावा कोई विकल्प भी नहीं है।

हॉल के अंदर एक बड़ी-सी गोलाकार मेज बनी है जिसने पूरे हॉल का बीच का हिस्सा कवर कर रखा है। मेज एक तरफ से खुली हुई है

जहाँ से चाय-पानी देने के लिए चपरासी अंदर जा सकता है। उसके चारों तरफ सोफे वाली गद्दीदार कुर्सियाँ लगी हुई हैं जहाँ लगभग सभी द्वितीय श्रेणी या इससे ऊपर के अधिकारी बैठ सकें। जमीन से जुड़े हुए छोटे अधिकारी व कर्मचारियों के बैठने के लिए उन गद्दीदार कुर्सियों के पीछे दीवार से सटाकर प्लास्टिक की कुर्सियाँ लगवाई गई हैं। कलेक्टर साहब हॉल की बड़ी मेज के बीच अपनी सबसे बड़ी सोफानुमा कुर्सी को पहचानकर उसके पास जाकर खड़े हो जाते हैं। कलेक्टर साहब सबकी तरफ उड़ती नजर डालते हुए कुछ देर चारों तरफ देखते हैं, बैठने का इशारा करते हैं, फिर बोलना शुरू करते हैं। “मैं चाहता हूं कि आप सब मेरी कार्यशैली से परिचित हो जाएँ। हम सब लोक प्रशासन का हिस्सा हैं। इसमें जो लोक है वो जनता है, हम सब जनता के लिए ही हैं। यह हमारी जिम्मेदारी है कि सभी को न्याय मिले, और सिर्फ इतना ही नहीं आजकल पारदर्शिता का युग है, इसलिए यह और भी ज्यादा जरूरी है कि न्याय मिलता हुआ भी दिखे।”

सभी बड़े गौर से सुन रहे थे। कलेक्टर ऑफिस के अधीक्षक सभी के लिए नाश्ते और चाय की व्यवस्था करते हैं। चाय-नाश्ते की व्यवस्था परिसर के अंदर स्थित कैंटीन से होती है। लगभग 15 वर्ष पूर्व कलेक्टर के कार्यालय अधीक्षक ने तत्कालीन साहब से निवेदन कर कैंटीन का ठेका अपने साले को दिलवाया था।

तभी एडीएम साहब कलेक्टर की तरफ गर्दन झुकाकर धीमे से बोलते हैं, “सर, बहुत लोग आए हैं, सुनवाई शुरू करें?”

“हाँ-हाँ, सबको बारी-बारी से बुलाते जाओ।” कलेक्टर साहब आदेश देते हैं।

मनोहर लाल का सातवाँ नंबर था। एक साथ चार लोगों को अंदर भेजा जाता था। जो शुरू के आठ-दस लोग होते उन पर ज्यादा समय दिया जाता, इसके बाद कलेक्टर साहब को और भी कई काम याद आने लगते या ऊपर से राजधानी से किसी अर्जेंट मीटिंग की खबर आ जाती। सभी कर्मचारियों का लंच टाइम भी होने लगता था। पिछली बार यही हुआ था, मनोहर लाल का नंबर आने तक कलेक्टर साहब जा चुके थे, उनकी जगह कोई और साहब सुनवाई कर रहे थे। इस बार वह दो घंटे

पहले से आकर लाइन में लग गया था, ताकि उसका नंबर जल्दी आए। जन सुनवाई का समय सुबह 10 से 12 निर्धारित था, पर आज तो शुरुआत ही दोपहर 12 के बाद हुई। ऐसा कई बार होता था। आखिर कलेक्टर बहुत बड़ा पद है। उन्हें कई काम करने होते हैं, वो सिर्फ इसी के लिए तो नहीं बैठे।

मनोहर लाल अपनी बूढ़ी माँ को गोद में उठाकर अंदर पहुँचा। उसे देखते ही, यह सोचकर कि कलेक्टर साहब मौजूद हैं और कोई बवाल न हो, एसडीएम और तहसीलदार ने उसकी माँ को एक जगह पड़े स्टूल पर बिठला दिया और प्रेम से कहा, "माताजी आप क्यों आईं, अपने बच्चे को ही भेज देतीं, बैठ जाओ इस पर।"

अगली बारी उसकी ही थी।

एक हरे कागज पर मनोहर लाल ने पहले से आवेदन बनवा लिया था, जिसके लिए वकील साहब ने दो सौ पचास रुपये लिए थे। वकील साहब के पास डिग्री तो नहीं थी पर स्थानीय निवास, आय प्रमाण पत्र, जाति प्रमाण पत्र की दलाली करते-करते वकील बन गए थे। चूँकि उन्होंने अपने क्षेत्र के नामी-गिरामी लोगों को वकालत की डिग्री हासिल करने के बाद भी यही सब करते देखा था, तो उन्हें अपने गाँव के मास्टरजी की सलाह पर लगा कि जब दलाली ही करनी है तो फिर डिग्री की जरूरत ही क्या है! साथ ही वकील साहब खानदानी व्यापारी परिवार से ताल्लुक रखने के कारण यह भी जानते थे कि जब लागत कम लगेगी तो मुनाफा भी ज्यादा होगा और जनता की सेवा भी कम दाम लेकर की जा सकेगी। वो हर किसी से कहते थे, "हमने ऐसा लिखा है कि कलेक्टर देखते ही तुम्हारा काम कर देगा।"

मनोहर लाल ने आवेदन पेश किया। उस आवेदन पर माननीय मुख्यमंत्री व कलेक्टर महोदय को संबोधित करते हुए लिखा था, "मैं और मेरी माँ साथ रहते हैं। हमारे पास दो बीघा जमीन है। मेरे पिताजी और मेरे बड़े भाई के स्वर्गवास के बाद यही हम दोनों की आमदनी का एकमात्र जरिया है, जिस पर हम फूल उगाते हैं और उसे बेचकर अपना जीवन यापन करते हैं। परंतु कुछ दिन पहले राजस्व निरीक्षक व हल्का पटवारी ने उस जमीन का सीमांकन कर, उसे हमसे छीनकर, किसी और को

कब्जा सौंप दिया। साथ ही हमें दस वर्ष का जरीबाना (राजस्व कर) भरने के लिए भी तहसीलदार साहब द्वारा नोटिस दिया गया है।"

तभी उस तहसील के तहसीलदार साहब, जो आवेदक को पहचानकर उस पर नजर रखे हुए उसकी हर बात ध्यान से सुन रहे थे, बोल पड़े, "सर, इस मामले में ये गलत कह रहा है। वो जमीन नियारी की है जो इसके बड़े भाई की जोरू थी।"

"साहब वो तो शादी के एक साल बाद ही मेरे भाई को छोड़कर दूसरे मर्द के साथ चली गई थी। वहाँ उसके दो बच्चे भी हैं, और वो अपने पति के साथ रहती है।" मनोहर लाल बोल पड़ा।

"पर अभिलेख में वो तुम्हारे भाई की जोरू है, इसलिए तुम्हारे भाई का हिस्सा उसे मिल गया।" तहसीलदार ने उसको संबोधित करते हुए कलेक्टर साहब की तरफ आँखें झुकाकर देखते हुए कहा।

इस बीच महिला सशक्तीकरण अधिकारी प्रियंका शेरावत यह सब देख-सुनकर बोल पड़ीं, "आजकल महिलाओं पर काफी अत्याचार किया जाता है, ये लोग समझते ही नहीं हैं, सुप्रीम कोर्ट भी काफी सख्त है।"

"ऐसा है तो हमारी दो बहिनें हैं, उनका हिस्सा कहाँ गया?" मनोहर लाल ने तहसीलदार और उन चश्मे वाली मैडम की तरफ देखते हुए पूछा।

"उनका नाम तो पहले ही तुम्हारे बाप ने कटवा दिया था!" तहसीलदार ने बताया।

"और उसके बाद यदि आधी जमीन इनकी है भी, तो आधी कहाँ गई?" मनोहर लाल ने फिर पूछा।

"वो बंदोबस्त के समय गलती से नक्शे में कम हो गई थी, उसके लिए तुम्हें केस करना पड़ेगा।" तहसीलदार महोदय ने अपने ज्ञान का लाभ देते हुए उसे सलाह दी।

"जब आपको सब पता है, तो सही कर दीजिए। आप ही अधिकारी हो, सब आपको ही करना है।" मनोहर लाल हाथ जोड़कर उन सभी की तरफ देखते हुए बोला।

"वो राजस्व न्यायालय का मामला है, उसके लिए हमारे न्यायालय में विधिवत आवेदन देना होगा।" एसडीएम साहब ने भी तहसीलदार का समर्थन करते हुए कहा।

कलेक्टर साहब आवदेन पढ़कर और उन सबकी बात सुनकर सारा माजरा समझ गए। वो तो वैसे भी बहुत संवेदनशील थे, आवेदन पर लिखते हुए बोले, "इसी आवेदन को न्यायालय के प्रकरण के लिए आवेदन मानकर, इसी के आधार पर प्रकरण दर्ज करते हुए भू राजस्व संहिता के अनुसार सुनवाई करें।" साथ ही एसडीएम और तहसीलदार को मौखिक निर्देश देते हुए कहा, "किसी अन्य आवेदन की जरूरत नहीं है।"

तभी जनसंपर्क विभाग का फोटोग्राफर कैमरा लेकर साहब और मनोहर लाल एवं उसकी माँ की तस्वीर लेने लगा। उसे समझ में आ गया था साहब ने किसी गरीब को न्याय दिया है, इसकी तस्वीर दिल्ली तक गूंज करेगी, और ट्विटर और फेसबुक पर तो आज से ही करनी है।

कलेक्टर महोदय ने एक अलग से सॉफ्टवेयर भी बनवाया था, जिसमें जन सुनवाई के सभी आवेदनों की क्रमानुसार जानकारी व उनकी वर्तमान स्थिति दर्ज कराते थे जिससे कोई भी घर बैठे अपने प्रकरण को जान सके।

उसी में मनोहर लाल का प्रकरण दर्ज कर, निराकृत भी लिख दिया गया, क्योंकि उसका निराकरण कलेक्टर साहब कर चुके थे। अब तो न्यायपालिका का मामला था, जो अपने नियम से ही चलेगा।

**साल 2021**

आठ वर्ष बीत चुके हैं। फाइल दो बार पुनरावलोकन में जा चुकी है। समय-समय पर पटवारी, राजस्व निरीक्षक, तहसीलदार, अनुविभागीय अधिकारी अपनी तरफ से रिपोर्ट लगाकर आगे भेज देते हैं।

उनकी रिपोर्ट हमेशा कानूनी भाषा में होती है, जिसका अर्थ आम आदमी नहीं लगा सकता। वैसे सभी अधिकारी मनोहर लाल से पूरी सहानुभूति रखते थे और उसकी मदद भी करना चाहते थे, पर न्याय में सहानुभूति की जगह नहीं होती, न्याय अपने आप में एक सरकार है। न्याय अपने तरीके और अपनी अभिजात्यता को अपने रुतबे के साथ

लेकर चलता है। इसे समझने के लिए या तो बहुत सारा अनुभव और ज्ञान चाहिए या पैसा, जिससे न्याय दिलाने वाले वकील की मदद ली जा सके।

मनोहर लाल अक्सर तहसील आता रहता था। सिर्फ वही एक कार्यालय था जो उसकी पहुँच तक था। वह हमेशा कुछ न कुछ साथ लाया करता था जैसे कभी कोई ताजा सब्जी, कभी घी या गाँव में प्राप्त होने वाली कोई अन्य चीज (हालाँकि उसे नदी पार करनी पड़ती थी इसलिए ज्यादा मात्रा में नहीं ला पाता), जिसे वो उपहार में बाबूजी को दे देता। बाबूजी रिश्वत नहीं लेते थे लेकिन मनोहर लाल के गाँव के दामाद होने के कारण उसे सास का प्यार समझकर रख लेते।

वह कभी-कभी हाथ जोड़कर तहसील में खड़ा हो जाता, और कभी-कभी चिल्लाने लगता तो तहसीलदार डाँटकर भगा देते और कहते, "ज्यादा नाटक करोगे तो दारोगा को बुला के इतने डंडे पड़वाऊँगा कि सब भूल जाओगे।" कभी-कभी जब तहसीलदार संवेदनशील मूड में होते थे या कोई नेता उन्हें अपने अधिकार दिखाकर गया होता तो वह धमकाकर अपने न्यायाधीश होने का अभिमान दिखाकर कहते, "हमें न्यायिक मजिस्ट्रेट के पावर हैं। जिस प्रकार जिला न्यायालय होता है वैसे ही हम भी राजस्व के मामले में न्यायाधीश हैं। हमें इसके लिए न्यायिक अभिरक्षा भी हासिल है।" कभी-कभी मनोहर लाल की मनोदशा समझकर कहते, "मैंने अपनी रिपोर्ट लगा दी है जो तुम्हारे ही फायदे की है। इंतजार करो, फैसला बड़े न्यायालय से होगा।"

तहसीलदार के हाथ में इससे ज्यादा कुछ था भी नहीं। एक बार उनके यहाँ से फाइल बड़े अधिकारी के पास जाने के बाद तहसीलदार प्रतिवेदित अधिकारी से ज्यादा कुछ नहीं रह जाते, और यह काम वह भली-भाँति कर रहे थे। अब आगे न्याय बड़े न्यायालय से ही होता।

मनोहर लाल मजिस्ट्रेट की तरह माई-बाप समझकर उनकी बात सुनता और हाथ जोड़कर आभार जताते हुए वापस आ जाता। हर चीज के लिए वह किस्मत को जिम्मेदार मानता था। वो यह तो जान गया था कि पटवारी ने जब दो हजार रुपये माँगे थे, यदि वो दे देता, तो आज ये कलेक्टर, एसडीएम जैसे छोटे अधिकारियों की जरूरत न पड़ती। अब

तक उसकी माँ भी गुजर चुकी थी। केस का खर्चा उसका भांजा उठा रहा था जिसे आगे जमीन मिलने की उम्मीद थी।

उसे असली सत्ता का सोर्स समझ में आ गया था।

एक दिन इस कोरोना काल में मनोहर लाल बीमार होने पर जाँच कराने के लिए सरकारी अस्पताल गया। पॉजिटिव पाए जाने पर उसे वहीं भर्ती कर लिया गया। फिर वह वहाँ से कभी लौटा नहीं, उसका अंतिम संस्कार भी तहसीलदार और पटवारी की मदद से सरकार ने ही किया। वह आजीवन सरकार का ऋणी रहा।

उसके बाद उसके भांजे ने नामांतरण का आवेदन लगा दिया जिस पर नियारी के बेटे ने आपत्ति दर्ज कराई है। उसके लिए अगली जन सुनवाई में नियारी का बेटा अपनी माँ को लेकर जाने की तैयारी कर रहा है। सुना है कि नए कलेक्टर साहब आए हैं, तुरंत फैसला करते हैं।

पुराने कलेक्टर साहब उस सॉफ्टवेयर के कारण अवार्ड ले चुके थे। वह वर्तमान में एक विभाग में संयुक्त सचिव के रूप में ऐसे ही क्रांतिकारी निर्णय लेकर नीति निर्माण में सरकार की मदद कर रहे हैं। उन्होंने अपनी नजर में ऐसे हजारों मनोहर लाल का जीवन बदल दिया है।

हमें भी ऐसे अधिकारियों के प्रति अपनी कृतज्ञता जाहिर कर नमन करना चाहिए।

# संविदा कर्मचारी

जॉइनिंग लैटर हाथ में देखकर रमन के पिताजी की आँखों में आँसू थे। आज तक पूरे परिवार में किसी ने सरकारी नौकरी नहीं की थी, और पिताजी को अपने पुराने अनुभव के आधार पर पूरा भरोसा था कि बिना पैसे के सरकारी नौकरी लगेगी भी नहीं। चूँकि उन्होंने पैसे नहीं दिए थे तो उन्हें यकीन था कि नौकरी नहीं लग सकती। ऐसा नहीं है कि गाँव में यह पहली नौकरी थी, इससे पहले दो शिक्षक, एक पुलिस कांस्टेबल इस गाँव से बन चुके थे। सभी को पता ही था कि उन्होंने नौकरी से कुछ समय पहले अपने पद के अनुरूप जमीन बेची थी और कुछ देकर ही इस नौकरी में आए थे।

एक परियोजना के अंतर्गत संविदा आधार पर कंप्यूटर ऑपरेटर के पद पर रमन का सिलेक्शन हुआ था, जिसमें 7000 रुपये मासिक मानदेय निर्धारित था। उसके लिए कम से कम पाँच दिन फील्ड में जाना अनिवार्य था।

माँ की आँखों में खुशी थी और अभिमान भी। उन्होंने पिताजी से कहा, "देखो मैंने कहा था कि रमन जरूर कुछ करेगा और परिवार का नाम रोशन करेगा, मैंने उसी के लिए इतने व्रत रखे थे।"

रमन के पिताजी भावुक होते हुए बोले, "इसमें लिखा है कि यह पूरी तरह से अस्थायी है और एक माह पूर्व सूचना देकर कभी भी हटाया जा सकता है।"

"दिखाना मुझे," यह कहते हुए रमेश दाऊ ने, जो उस गाँव के शिक्षक थे, अपना हाथ आगे कर दिया। पिताजी ने उनके हाथ में जॉइनिंग लैटर दिया ही था कि उनके गाँव का एक अन्य शिक्षक दीपक, जो सरकारी नौकरी की खबर के कौतूहल स्वरूप उस समय वहीं आ गया था, बोल पड़ा, "सरकारी नहीं है, यह तो संविदा पर है, वो भी मानदेय आधारित। ज्यादा खुश होने की जरूरत नहीं है।" और बाद में अपनी बात

को सिद्ध करने के लिए यह भी जोड़ दिया कि "हमारे घर में सब सरकारी कर्मचारी हैं, इसलिए हमें सब पता है।"

"आजकल परमानेंट भर्ती नहीं करती सरकार, ऐसे ही भर्तियाँ होती हैं, पर कोई हटाता नहीं है। धीरे-धीरे सैलरी बढ़ती रहती है और चुनाव के समय सरकार पक्का कर जाती है।" रमन के पिताजी भगवती प्रसाद उम्मीद की आँखों से देखते हुए बोले।

"वो समय गया जब सरकारें पक्का करती थीं, अब कोई नहीं करता। और किसने कह दिया कि परमानेंट भर्ती नहीं निकलती, पिछले साल कैलाश हलवाई की बेटी तहसीलदार बनी थी।" दीपक ने फिर से अपना ज्ञान देकर अपनी बात सिद्ध करना चाही।

"अरे वो अलग बात है, उसके लिए पीएससी पास करना पड़ता है। आज तक तुम्हारे खानदान में किया है किसी ने, सब उस समय रिश्वत देकर नौकरी में लगे थे।" मौका देख रमन बोल पड़ा।

"उस समय इंटरव्यू से सिलेक्शन होता था, इसी से हमारा हुआ था, कोई पैसे नहीं दिए थे।" दीपक झुँझलाता हुआ और अपनी असलियत को झुठलाता हुआ बोला।

"अरे हमें मत बताओ, तुम्हारे बाप ने चार बीघा जमीन बेची थी, तब बना था तुम्हारा बड़ा भाई।" रमन की माँ भी अपने बेटे की तरफ से बोल पड़ी।

"तब का हमें नहीं पता पर यह देखो लैटर में क्लियर लिखा है, कभी भी एक माह पूर्व नोटिस देकर निकाला जा सकता है।" दीपक अपने को सम्हालता हुआ बोला।

"वो तो सबके में लिखा रहता है, अपना लैटर भी पढ़कर देखना, कलेक्टर के नियुक्ति पत्र की भी भाषा ऐसी ही होती है। लैटर की यह भाषा वकीलों द्वारा बनाई गई है और अँग्रेजों के समय से चल रही है।" रमेश दाऊ ने मौके की नजाकत समझते हुए कहा।

"आजकल 7,000 में होता भी क्या है!" दीपक फिर से अपनी बात सिद्ध करने के लिए दूसरी बात का सहारा लेने लगा।

"तुम्हारे भाई ने 300 से शुरुआत की थी, आज 45,000 मिलते हैं।" भगवती प्रसाद बोले।

"तब 300 भी बहुत होते थे, 10 किलो घी आ जाता था।" दीपक ने फिर से अपनी बात सिद्ध करने के लिए तर्क खोजा।

"आज भी 7,000 में 10 किलो घी आ जाएगा।" भगवती प्रसाद समय का हाल बताते हुए दीपक को समझाने लगे और फिर गुस्सा होते हुए बोले, "शुरू में इतना ठीक है, कुछ सीखेगा लड़का।"

"आपके दामाद विनीत के लैटर में भी ऐसा ही लिखा था क्या?" दीपक ने रमेश दाऊ से पूछा और फिर अपनी दाल न गलने पर नए तरीके से अपनी बात आगे बढ़ाकर बोला, "यह सच है आजकल सरकार स्थायी नियुक्ति नहीं करती, सभी नियुक्तियाँ संविदा पर ही करती है, पर यह संविदा भी नहीं है, मानदेय आधारित है।" साथ ही सलाह देते हुए बोला, "इसमें समय बेकार करने से कुछ नहीं होगा, 7,000 रुपये में क्या होगा, इसे आगे पढ़ाओ।" यह कहते हुए बुरा-सा मुँह लेकर चला गया। वह सिर्फ यह कन्फर्म करने आया था कि सच में सिलेक्शन हुआ है या नहीं।

उसके जाते ही रमेश दाऊ बोल पड़े, "इसके बेटे ने भी इसी पद के लिए आवेदन भरा था और परीक्षा भी दी थी, उसका नहीं हुआ इसलिए यह ऐसा कह रहा है। इतनी छोटी बात नहीं है, मध्यप्रदेश शासन का लैटर है। सभी भर्तियाँ ऐसे ही होती हैं, बाद में चुनाव के समय पर सबको स्थायी कर देते हैं।" इस प्रकार उम्मीद दिलाते हुए वह भी चले गए।

घर में खुशी का माहौल है, लेकिन पिताजी की चिंता खत्म नहीं हुई है। उन्हें पता है कि जब तक कोई अच्छी नौकरी न हो तब तक समाज में बच्चों की शादी भी नहीं कर सकते। लड़के की शादी की पहली योग्यता उसकी जॉब ही है, उसके बाद रंग-रूप, और फिर समय मिला तो उसकी अन्य योग्यताओं को जानने की कोशिश की जाती है।

रमन लैटर फोल्ड करता हुआ कहने लगा, "मेरा सहायक ग्रेड-3 का रिजल्ट भी आने वाला है, उसमें भी मेरा जरूर हो जाएगा। पापा तब तक इसे कर लेता हूँ, कुछ अनुभव ही होगा।" यह कहते हुए घर में ऊपर के कमरे में चला गया।

पिछले 7 साल से नौकरी एक ख्वाब था, एक गरीब या मध्यवर्गीय परिवार में 12वीं पास करने के बाद नौकरी की उम्मीद जागने लगती है वह भी सरकारी। आज भी सरकारी नौकरी लगना विधायक का चुनाव जीतने के बराबर है, कई बड़े-बड़े नेताओं को नौकरी के एवज में नेतागीरी छोड़ते देखा है।

रमन ने उस दिन अपने कई दोस्तों को फोन किया। कुछ ने ख़ुशी जाहिर की, कुछ ने कहा 7,000 में क्या होगा तो किसी ने कहा यहीं से शुरुआत होती है, और उदाहरण दिया कि उनके परिचितों ने 150 रुपए से शुरुआत की थी। कुल मिलाकार रमन आगे के सपनों में खो गया। उस लैटर के अनुसार सात कार्यदिवस के अंदर ज्वाइन करना था, लेकिन यहाँ इंतजार किसे था, रमन अगले दिन ही जाने की तैयारी करने लगा। उसे लग रहा था कि आगे का समय किसने देखा जितनी जल्दी हो सके पहुँचा जाए।

रमन भी बड़ी नौकरी के ख्वाब देखता था, और कुछ गलत भी नहीं है, हर हकीकत किसी न किसी समय ख्वाब रहा करता है।

रमन की माँ को इस बात की चिंता थी कि घर से 70 किलोमीटर दूर पोस्टिंग हुई है, कहाँ रहेगा, कैसे जाएगा, क्या करेगा, कहाँ खाएगा, क्या खाएगा! उन्हें ऐसी कई बातों की फिक्र थी। वहीं उसके पिताजी इन सब बातों से चिंतित होने के बाद भी ऐसे दिखा रहे थे जैसे उन्हें कोई फर्क नहीं पड़ता, वह कह रहे थे, "अपने आप व्यवस्था करेगा, लोग हजारों किलोमीटर दूर नौकरी करते हैं, यह तो बिल्कुल पास में ही है। जिंदगी भर मैं ही थोड़ी खिलाता रहूँगा, कल शादी भी होगी तो क्या मैं ही खर्चा उठाता रहूँगा! अब उसे भी करने दो कुछ, निकलने दो बाहर।"

"अभी बच्चा ही है वो, कैसे जाएगा, अकेले कहाँ रहेगा?" रमन की माँ बोल उठी।

"वैसे भी हर रोज सुबह बस जाती है, बिजली विभाग वाला हलके बाबू रोज उसी से जाता है और शाम को वापस आ जाता है, यह भी आ जाएगा।" रमन के पिताजी ने फिर कठोरता दिखाते हुए जवाब दिया। किसी भी बच्चे के पिताजी के पास पूरी प्लानिंग होती है, वह बच्चे के लिए रास्ता बना रहे होते हैं लेकिन उसे यही बताते हैं कि "खुद करो।

तुम्हारा काम है, मेरा नहीं।" शायद अपने बेटे को उसके पैरों पर खड़ा करने के लिए एक पिता को कठोर दिखना पड़ता है, और भावनाओं को दूर करके व्यावहारिक होना पड़ता है। एक पिता ही है जो बच्चे के बाहरी जीवन को लेकर इतनी चिंता करता है कि जब तक वह इस लायक न हो जाए, तब तक कठोर ही बना रहता है। यह कठोरता स्थायी रहती है, क्योंकि किसी भी पिता की नजर में बेटे की आदर्श स्थिति नहीं आती, वह हमेशा चाहता है कि बेटा और आगे बढ़े।

रमन भी यह सब सुन रहा था, वह सोचता है कि पापा मेरे बारे में कभी नहीं सोचते, वह मेरा साथ कभी नहीं देते, और फिर कुछ कर दिखाकर उन्हें गलत साबित करने की ठानकर सो जाता है। अगले दिन ही सुबह 5 बजे उठकर रमन तैयार होने लगा। अपने सभी डॉक्यूमेंट्स साथ ले लिए थे। माँ ने जल्दी से उठकर खाना बनाया व टिफिन साथ रख दिया। पिताजी के यह कहने पर कि सफर में खाने का सामान ले जाने में दिक्कत आती है, माँ ने सिर्फ रोटी और अचार रखा था।

रमन सुबह 7 बजे की बस पकड़कर चला गया। 70 किलोमीटर के रास्ते पर बस को पहुँचने में तीन घंटे लगते थे। एक तो रास्ता खराब, दूसरा हर जगह बस का बड़ा स्टॉपेज था। बस में भीड़ इतनी थी कि लोग डर के मारे सीट से उठते ही नहीं थे कि कहीं कोई और न बैठ जाए। रमन भी पूरे 3 घंटे ऐसे ही चिपके बैठा रहा। आखिर बस नए गाँव मुख्यालय तक पहुँच गई।

यह 1952 में सामुदायिक विकास कार्यक्रम के तहत घोषित जनपद मुख्यालय था। एक छोटी-सी तहसील भी थी, जिसे तहसील कुछ वर्ष पूर्व ही बनाया गया था, लेकिन कोई सुविधा न थी, पूरे मुख्यालय में एक भी गेस्ट हाउस या धर्मशाला भी न थी। रमन रास्ता पूछता हुआ 10:30 बजे तक जनपद कार्यालय पहुँच गया। ऑफिस का टाइम सुबह 10.30 से ही था, रमन खुश था कि पहला दिन है तो बिल्कुल समय पर पहुँच गया।

कार्यालय खुल चुका था, एक चपरासी सफाई में व्यस्त था। ऑफिस के बाहर एक सफेद रंग की बोलेरो गाड़ी खड़ी थी जिस पर आगे की तरफ नंबर प्लेट से बड़े अक्षरों में सरपंच की प्लेट लगी थी, लेफ्ट

साइड में एक छोटा-सा पार्टी का झंडा लगा था और पीछे गाड़ी पर एक पार्टी का नारा लिखा था।

धीरे-धीरे कर्मचारी इकट्ठे होने लगे, बायोमेट्रिक डिवाइस लगने के कारण सभी छोटे कर्मचारी और संविदा कर्मचारी समय पर आने लगे थे। अब फील्ड में जाने के नाम पर कुछ ही कर्मचारी या अधिकारी देर से आते थे। रमन कुछ समय बाद अंदर जाकर कुर्सी पर बैठे हुए एक व्यक्ति को नमस्कार करता है और कहता है, “सर हम कंप्यूटर ऑपरेटर पर जॉइन करने आए हैं।” साथ ही विशेष योग्यता के रूप में वह बताता है कि 200 में से 170 नम्बर पर हमारा सिलेक्शन हुआ है। सामने बैठा हुआ व्यक्ति उम्रदराज लग रहा था। आधे बाल झड़ चुके थे, नाक पर प्लास्टिक की डंडी का चश्मा चढ़ा हुआ था। देखने में कुछ कुछ सरकारी-सा प्रतीत हो रहा था। वह अखबार हाथ में लेकर चश्मा ऊपर की तरफ चढ़ाकर पूरी तन्मयता के साथ पढ़ रहा था। रमन की बात सुनकर उसने मुँह उठाकर उसे देखा और बोला, “कायके ऑपरेटर हो, देखने में तो स्टेपनी लग रहे हो।”

रमन थोड़ा झेंपते हुए अपना लैटर उनको दिखाने लगा। वह व्यक्ति पंचायत इंस्पेक्टर था जो कभी-कभी ही ऑफिस आता था। शिक्षा के मामले में सिर्फ 12वीं पास था, पंचायत के काम रोकने के दाँवपेच के अलावा उसे किसी और काम में महारत हासिल न थी, और वह उनकी जरूरत भी न समझता था।

“अरे वाह, बहुत बढ़िया, सही टाइम पर नौकरी मिली है। शादी-वादी हो गई कि नहीं?” नजदीक बैठा हुआ एक प्रोग्राम मैनेजर पूछने लगा।

“नहीं अभी नहीं हुई।” मंद मुस्कराहट के साथ रमन ने जवाब दिया।

“इसमें क्या सही है? संविदा है, कभी भी हटा देंगे, और 7,000 में खर्चा भी नहीं चलेगा।” लैटर पढ़ते हुए बड़े बाबू बोल पड़े, जो हलचल सुनकर उसी कमरे में आए थे।

रमन सकपका गया, फिर कॉन्फिडेंस से बोला, “हमारा भी इसे करने का मन नहीं है, वो तो पापा पीछे पड़े थे। वैसे भी मैं तो पीएससी के

पेपर दे रहा हूँ, आप देख लेना एक साल से पहले निकल जाऊँगा यहाँ से।"

"जो भी आजकल आते हैं, उनकी यही भाषा होती है, सब के सब कलेक्टर ही बनना चाहते हैं। फिर सरकार खुद निकालती है तब निकलते हैं और फिर हड़ताल करते हैं।" बड़े बाबू बोल पड़े और फिर गौर से लैटर का एक-एक शब्द पढ़ा और कहा, "और हाँ, इस उम्र में कॉन्फिडेंस ज्यादा होता है दिमाग कम, इसलिए हमारी सलाह मानो, इस नौकरी के चक्कर में मत पड़ो, यहाँ से जाओ और अपना फ्यूचर बनाओ, तुमसे पहले जो दो ऑपरेटर आए हैं उनकी शादी तक नहीं हो रही।"

इतना कहते ही वह रमन के चेहरे की तरफ गौर से देखने लगे। किसी भी कार्यालय में बाबू का पद सबसे व्यावहारिक होता है। उसे पता होता है कि कब क्या करना है, और जो उसे नहीं पता वह होना मुश्किल होता है। बहरहाल, मौके को सम्हालते हुए बड़े बाबू ने आगे कहा, "चलो अच्छा है, हमारे लैटर हाथ से लिखने पड़ते हैं, अब कम से कम कंप्यूटर पर तो टाइप हो जाएँगे।"

यह सुनकर पंचायत इंस्पेक्टर भी कहने लगा, "हाँ, हमारी रिपोर्ट भी कम्प्यूटर से बना दिया करो।" यह सुनते ही पूरे ऑफिस में ठहाके लगने लगे, रमन भी उन सबके साथ हँसने लगा।

उसी समय एक युवक आकर कहता है, "अभी सीईओ साहब नहीं आए हैं, उनके आने के बाद ही आपकी जॉइनिंग होगी। तब तक आप बैठ लो।"

उसे रमन देखता है, उसी की ही उम्र का लड़का प्रतीत हो रहा था। जिज्ञासावस पूछता है कि आप कौन?

वह व्यक्ति अपना संक्षिप्त परिचय देते हुए बोला, "मैं मनरेगा में ऑपरेटर हूँ, यहीं काम करता हूँ।"

ऑपरेटर शब्द सुनकर रमन के चेहरे पर रौनक आ गई, दोनों हाथ मिलाते हैं और बाहर निकलते हैं।

"चलो चाय पिलाकर लाऊँ।" रौनक कहता है और दोनों सामने की तरफ दिख रही चाय की दुकान पर चल देते हैं।

"ये कह रहे थे यहाँ कोई भविष्य नहीं है, ऐसा सच है क्या?" रमन ने रौनक से पूछा।

चाय के ऑर्डर के बाद सामने खड़े-खड़े रौनक कहता है, "अरे ऐसा कुछ नहीं है, ये सब लोग बुड्ढे हो गए हैं, कंप्यूटर आता नहीं है, जब कोई बाहर से आता है तो ऐसे ही कहते हैं। और इस बड़े बाबू का बेटा खुद इसी में लगा है, पूरे एक लाख देकर अपने लेवल पर लगवाया था, अब भर्तियाँ पारदर्शी होने लगीं इसलिए इनकी चलती नहीं है।"

"अपने लेवल पर?" उसे यह जानकारी नहीं थी कि अब भी छोटे स्तर पर भर्तियाँ होती हैं इसलिए चौंककर रमन ने पूछा।

रौनक बताता है, "हाँ, अभी भी कलेक्टर रेट पर किसी को रखना इनके हाथ में होता है, अब तुम आ जाओगे तो वो भी नहीं रहेगा इसलिए कह रहे हैं।"

"कलेक्टर रेट क्या होता है?" जिज्ञासावश रमन पूछने लगा।

"संविदा से भी बेकार है, हम तो बहुत अच्छे हैं, कलेक्टर रेट या आउटसोर्स की कोई इज्जत नहीं होती, उन्हें कभी भी हटा सकते है।" जैसी भाषा एक परमानेंट कर्मचारी संविदा के लिए कहता है, उसी प्रकार की भाषा रौनक बोलने लगा। शोषित हमेशा अपने नीचे दूसरा शोषित खोजने का प्रयास करते रहते हैं, क्योंकि शोषण करना एक स्वभाव बन गया है और इसे विकास के स्तर के रूप में भी देखा जाता है।

"सीईओ सर कब तक आएँगे?" बात को आगे बढ़ाते हुए रमन ने फिर पूछा।

"बारह बजे तक आ जाते हैं। कभी-कभी थोड़ा-बहुत लेट भी हो सकते हैं, अप-डाउन करते हैं जिला मुख्यालय से।"

"अप-डाउन क्या होता है?" रमन पूछने लगा।

"मतलब रोज जिला मुख्यालय से आते हैं और शाम को वापस चले जाते हैं, वहीं घर है उनका।"

"ऐसे आना-जाना अलाऊ रहता है क्या?" रमन अपनी संभावना तलाशते हुए पूछता है।

"अलाऊ तो नहीं है पर कोई आएगा भी तो कह देंगे कि फील्ड में हैं, कोई क्या बिगाड़ लेगा। वैसे भी 70 गाँव हैं इस जनपद में, किसी भी ऐसे गाँव का नाम ले सकते हैं जहाँ नेटवर्क नहीं है।"

लगभग दो घंटे बाद एक बोलेरो आती है, जिस पर लाल रंग से मध्यप्रदेश शासन लिखा हुआ था। वह जनपद सीईओ ही थे। उन्होंने अपने ही साले के नाम से गाड़ी खरीदकर उसी को अटैच कर अपने साथ रख लिया था।

सरकार का कोई भी नियम हो उसका लाभ आज भी सरकारी कर्मचारी के हिस्से में पहले आता है, उसके बाद नेता या जागरूक लोगों के बीच। आम जनता तक पहुँचने तक नियम दम तोड़ चुका होता है।

रमन अपना लैटर लेकर सीईओ साहब के पास पहुँच जाता है। वह लैटर देखते हुए कहते हैं, "इससे पहले कुछ काम किया है कभी? कंप्यूटर चला लेते हो?"

"जी सर।" रमन तत्काल जवाब देता है

"मोबाइल भी चला लेते हो?" सीईओ साहब ने फिर पूछा।

"जी सर, वो तो आजकल सभी जानते हैं।" रमन बोला।

"मेरा मोबाइल देखना जरा इसमें क्या हो गया?"

कुछ देर अलट-पलटकर देखने के बाद रमन बोला, "पता नहीं सर, इस मोबाइल के फंक्शन मेरी समझ में नहीं आ रहे।" और जिज्ञासावश पूछता है, "कौन-सी कम्पनी का है यह मोबाइल?"

"आईफोन है!" सीईओ साहब स्टेटस के साथ जोर देकर बोलते हैं।

"यह मैंने चलाया नहीं है सर कभी।" रमन नाम सुनकर बोला।

"यह मुझे भी नहीं आता, एक सचिव ने गिफ्ट किया था। चलो जाने दो, आजकल के बच्चे कुछ सीखना ही नहीं चाहते, बस फ्री की तनख्वाह चाहिए।" सीईओ साहब ने कहा, फिर थोड़ी देर किसी फाइल पर हस्ताक्षर करते रहे और किसी आदेश को न समझ पाने के कारण आदेश की भाषा अँग्रेजी में लिखने वाले को कोसते रहे। थोड़ी देर बाद फिर पूछा, "अँग्रेजी आती है क्या?"

“जी सर, 12वीं में 70 नंबर आए थे। टेन्स, एक्टिव-पेसिव सब आता है।” रमन सर हिलाता हुआ जवाब देता है।

“अच्छा जरा इसे पढ़कर बताओ इसका क्या मतलब है?”

एक 4 पेज के आदेश को रमन पूरा पलट-पलटकर देखता है, फिर कहता है कि सर, पढ़ने में तो आ रहा है लेकिन अर्थ नहीं समझ पा रहे।

यह सुन सीईओ साहब ने आदेश वापस लिया और पूछा, “घर कहाँ है तुम्हारा?”

“बरौनी तहसील, सिर्फ 70 किलोमीटर दूर है यहाँ से, पूरे दिन बसें चलती हैं।” रमन अनुमति मिलने की प्रत्याशा में दूरी बता देता है।

“अप-डाउन करने की मत सोचना, मुख्यालय पर ही रहना पड़ेगा। सभी लैटर हिंदी में टाइप करना सीख लो। अँग्रेजी के लैटर पढ़ना भी सीख लो, आजकल आधे आदेश अँग्रेजी में ही आते हैं।” फिर गहराई से रमन का लैटर पढ़ते हुए बोले, “शिकायत मिली तो कांट्रैक्ट रिन्यू नहीं करूँगा।” यह कहते हुए रमन के जॉइनिंग लैटर पर स्थापना शाखा लिखते हुए अपने हस्ताक्षर करके रमन को बड़े बाबू के पास भेज दिया।

“जी सर,” कहता हुआ रमन कमरे से निकल गया। उसे अभी ऑफिस में सभी के चेम्बर की जानकारी नहीं थी, वह वहाँ से उठकर ऑफिस के पीछे के हिस्से में जाने लगा जहाँ रौनक मनरेगा का कंप्यूटर ऑपरेटर था। रमन मन ही मन अपने को खुशनसीब समझ रहा था कि वह इस नौकरी के लायक भी बन पाया, फिर सोचने लगा कि परमानेंट जॉब कैसे मिल सकती है, न ही मुझे फोन चलाना आता है न ही अँग्रेजी पढ़ना और न ही सभी का जबाब देना। बस एक रौनक ही उसे अपना साथी लगा जो उसी के जैसे पद पर था। वह पद के हिसाब से उसी की जाति का था मतलब दोनों ऑपरेटर थे।

रमन उसके सामने जाकर बैठ गया और पूछने लगा, “यह रिन्यूअल क्या होता है?”

यह सुन रौनक कहने लगा, “अच्छा तुझे आते ही डायलॉग मिल गया। इन अधिकारियों का बस चले तो ये सबको बँधुआ मजदूर बना दें।” फिर हँसने लगा।

रमन ने फिर पूछा, "पर यह है क्या?"

दोबारा पूछने पर रौनक ने बोलना शुरू किया, "यही तो उनका सबसे बड़ा हथियार है, जिसे वो हम पर चलाते हैं। जिस प्रकार परमानेंट कर्मचारियों की एक वार्षिक रिपोर्ट तैयार होती है जिसके आधार पर उनका प्रमोशन होता है, उसी प्रकार हमारी रिपोर्ट को ये रिन्यूल बोलते हैं। उसका मतलब है कि यदि आपकी अधिकारी से अच्छी नहीं बनी या उसकी चमचागीरी नहीं कर पाए तो वो आपकी रिपोर्ट सही नहीं लिखेगा और आपकी नौकरी एक साल बाद खत्म।"

रमन के लिए यह सोचना और भी ज्यादा डरावना था, बेरोजगारी से ज्यादा डर रोजगार छिनने का होता है।

"फिर क्या होगा, इन साहब के हाव-भाव से नहीं लगता इनसे बन पाएगी।" रमन के स्वर में चिंता थी।

"अरे अभी तुम आए ही हो, इन्हें जानते ही कितना हो, ये सब सिर्फ पैसे के मीत हैं। चिंता मत करो इन्हें उस व्यक्ति से कभी दिक्कत नहीं होती जो इन्हें कुछ कमाकर दे रहा है, दूध देने वाली गाय से दुलत्ती खाने में भी इन्हें बुरा नहीं लगता।"

रौनक की यह बात सुनकर रमन के चेहरे पर थोड़ी रौनक आई, लेकिन वह फिर बोला, "मैं कैसे दूँगा इन्हें कमाकर?"

"अरे सब सीख जाओगे, और जो बड़े बाबू हैं उनसे बनाकर चलना। कोई भी साहब आज तक ऐसा नहीं आया जिसे इनसे ज्यादा जानकारी हो या इनका कुछ कर पाया हो। एक तो पूरा एकाउंट इनके पास है तो कोई कुछ कह भी नहीं सकता, ऊपर से 30 साल का अनुभव है। कई सीईओ आए और गए पर इन्हें नहीं हिला पाए, जिस सीईओ से नहीं बनती उसका ट्रांसफर कराकर ही मुख्यालय से लौटते हैं।"

"मुख्यालय वाले ऐसा कैसे करते हैं, उन्हें नहीं पता क्या?" अब रमन भी राजनीति में इन्टरेस्ट लेने लगा था। अब तक उसने भी सरकारी कार्यालय का एक गिलास पानी पी लिया था, जिसका असर दिखने लगा।

"पैसा एकमात्र ऐसा हथियार है जो सभी भेदभाव मिटा देता है, उसमें बहुत ताकत है। जिस अधिकारी का वेतन 22,000 है उसके सामने

50,000 रुपये रख दो, उसका असली चरित्र दिख जाता है, और बड़े बाबू इसी का फायदा लेते हैं।"

पहला दिन पूरा निकलने के बाद रमन ने रौनक से पूछा, "मैं रुकने की कहाँ व्यवस्था करूँ?"

रौनक ने उसे सलाह दी कि रुकने की जरूरत नहीं है, रोज बस से आ-जा सकते हो। यहाँ तहसील, शिक्षा विभाग, अस्पताल के सभी कर्मचारी यही करते हैं, रुकता सिर्फ वही है जिसका घर है या तहसीलदार साहब जैसा कोई कोई अधिकारी रुकता है।

उसने डर के भाव से कहा, "साहब मंजूरी नहीं देंगे।"

"अरे मंजूरी की जरूरत क्या है? उन्हें सब पता होता है, कुछ बातें पूछी नहीं जातीं, न ही उनका सीधा-सीधा जवाब दिया जाता है, लेकिन सभी की मूक सहमति होती है।" और बातों बातों में रौनक एक प्रचलित किस्सा सुनाने लगा-

"एक समय की बात है, एक बस में एक व्यक्ति की बीड़ी पीने की इच्छा हुई। उसने देखा बस ड्राइवर की पीछे की सीट पर लिखा था, यहाँ धूम्रपान मना है, लेकिन उसके ठीक पीछे की सीट पर एक सज्जन धूम्रपान कर रहे थे। उसने ईमानदारी से कंडक्टर से पूछा, 'दाऊ, क्या मैं बस में बीड़ी पी सकता हूँ?' कंडक्टर चिल्ला पड़ा, 'दिख नहीं रहा भाईसाहब क्या लिखा है, पढ़े-लिखे लगते हो फिर भी तमीज नहीं है।' यह सुनते ही उन महाशय का पारा चढ़ गया और बीड़ी पीने वाले व्यक्ति की तरफ हाथ दिखाकर बोले, 'यह कैसे पी रहा है, इसे तो रोका नहीं आपने?'

"यह सुनते ही कंडक्टर उनकी तरफ देखकर मुस्कराया और बोला, 'भाईसाहब, वो मुझसे पूछकर नहीं पी रहे, बिना पूछे आप भी पी लो, मैं कोई भगा तो नहीं दूँगा। किसी को दिक्कत होगी तो वो अपने आप निबटेगा।' बस में बैठे सभी यात्री हँसने लगे।"

रमन भी मुस्करा पड़ा और उसे रास्ता भी मिल गया। वह बिना किसी को बताए शाम की बस से घर आ गया।

धीरे-धीरे समय के अनुसार वह सेटल होता गया। रौनक ने उसे इन्कम के कई दाँवपेच सिखाए, साथ ही फ्री के काम को टालने में भी वह

एक्सपर्ट हो गया। एक साल बाद उसकी नौकरी को परमानेंट के समतुल्य मानकर कई संबंध वाले आए और उसके पिताजी ने मौका देखकर शादी कर दी।

उसके ठीक 6 महीने बाद मनरेगा में कुछ संरचनात्मक परिवर्तन हुए जिसमें रौनक का पद पूर्ण रूप से खत्म कर दिया गया, क्योंकि उसके बैच के सभी लोग आंदोलन की राह पर थे व कोर्ट केस करके सरकार का समय बर्बाद कर रहे थे।

रमन अब तक अपनी पढ़ाई से दूर हो चुका था, क्योंकि नौकरी और इतने ज्यादा सफर में ऊर्जा नष्ट होने के बाद वह पढ़ने लायक समय भी नहीं निकाल पा रहा था। इसके अलावा जब पैसा आने लगता है तो अधिकांश लोग मेहनत करना गैरजरूरी समझते हैं, क्योंकि उनकी नजर में सारी मेहनत पैसे तक ही सीमित थी। पर अभी भी चुनाव के समय सरकार कुछ करेगी इसकी उम्मीद में आंदोलन चल रहा था।

रौनक के जाने के लगभग दो महीने बाद उस काम के लिए मानदेय आधार पर नई भर्तियाँ हुई थीं, जिनमें से एक 25 वर्षीय कम्प्यूटर इंजीनियर निर्मल दाँगी आज जॉइनिंग के लिए जनपद कार्यालय में उपस्थित हुआ है।

उसके चारों तरफ खड़े होकर बाबू फिर से ज्ञान दे रहे हैं व इस बार रौनक का भी उदाहरण दे रहे हैं, लेकिन वह बेरोजगार है और उसकी मजबूरी का फायदा सरकार को उठाना भली-भाँति आता है। साथ ही वह पढ़ाई में भी लाखों रुपए खर्च करने के बाद हर जगह से परेशान होकर कुछ करना चाहता है। वह भी अपने पिताजी को कुछ कर के दिखाना चाहता है।

यही क्रम आज तक चल रहा है। हर कार्यालय में कोई न कोई रौनक और रमन काम कर रहे हैं तो वहीं कई रमन ऐसे भी हैं जो लाखों खर्च कर ऐसी किसी नौकरी का ख्वाब देख रहे हैं। और कई पिता ऐसे भी हैं, जो लाखों रुपए रिश्वत देकर भी ऐसी नौकरी दिला देना लेना चाहते हैं, क्योंकि कोई अपने बेटे को कुँवारा देखकर मरना नहीं चाहता।

# सफर (सीमा के आर-पार)

दिल्ली के दिल में स्थित करोल बाग से लगा हुआ एक हिस्सा है, जिसे हम पटेल नगर के नाम से जानते हैं। पटेल नगर और इसके आसपास के बड़े एरिया में पाकिस्तान से आए हुए लोगों को बसाया गया है। वर्तमान में यह दिल्ली का महंगा रिहायशी इलाका माना जाता है, जिसके नजदीक देश के जाने-माने व्यावसायिक मार्केट और संस्थाएँ हैं। राजेन्द्र नगर, कीर्ति नगर व कर्मपुरा जैसे विश्व प्रसिद्ध क्षेत्र इसी पटेल नगर से लगे हुए हैं।

इसी पटेल नगर के बीच एक बड़ा-सा पार्क है, जिसे पटेल पार्क के नाम से जाना जाता है। इसी पार्क में हर सुबह 5 बजे के आसपास से ही लोगों का आना-जाना शुरू हो जाता है, जो अगले तीन घंटे तक चलता रहता है। हर कोई अलग-अलग कार्य करता है पर उद्देश्य सभी का एक ही है- बेहतर स्वास्थ्य के लिए प्रयास करना। कोई दौड़ रहा है, कोई योग कर रहा है, कोई पैदल चल रहा है, कोई तेज-तेज हँस रहा है, तो कोई एक जगह बैठकर फोन पर बात करने में या मोबाइल में कुछ देखने में व्यस्त है। आमतौर पर बुजुर्ग ज्यादा दिखाई देते हैं, शायद इसलिए कि वो सुबह-सुबह घूमना जीवन का जरूरी हिस्सा मानते हैं, या शायद यह डॉक्टर ने कहा हो या हो सकता हैं कोई अपने बच्चे को खिलाने के लिए लाते हों, या कोई अपना कुत्ता घुमाने लाते हों। सबकी वजह अलग-अलग है, पर सबसे ज्यादा दिखने वाले इसी आयु वर्ग के हैं।

इसी पार्क में नितिन कुछ दिनों से आने लगा था। वह दिल्ली जल बोर्ड में बाबू था। उसने एक दिन सोशल मीडिया पर एक क्रांतिकारी विडियो देखा जिसे देखकर जोश-जोश में सुबह 5 बजे से पार्क आना शुरू किया था। नितिन राजस्थान के अलवर से लगे हुए मंडावर से आया था। दिल्ली जल बोर्ड में कुछ वर्ष पूर्व ही उसकी पोस्टिंग हुई थी। उसे अपनी इस सरकारी नौकरी का बड़ा गर्व था जिसे वह अक्सर समय-समय पर दिखाया करता था। वह अपने को अन्य सभी से ज्यादा

बुद्धिमान समझता था और उसे सभी को सलाह देने में एक अलग ही सुकून मिलता था। वह जिज्ञासु व मिलनसार भी बहुत था। अन्य सभी आम लोगों की भाँति वह भी चाहता था कि नौकरी ही करनी है तो क्यों न कलेक्टर बना जाए। उसे लगता था कि इसके लिए भी कोचिंग करनी पड़ती है, इसलिए पास ही राजेन्द्र नगर में एक कोचिंग भी करने लगा था।

उस पार्क में वह एक या दो चक्कर लगाता और कुछ देर बाद किसी जगह बैठकर अपना मोबाइल चेक करने लगता। हर रोज उसका यही रुटीन था। लगभग एक महीने बाद उसने गौर किया, वहाँ आने वाले लोगों में से एक व्यक्ति थे, जो उसे हर रोज दिखाई देते थे। देखने में काफी बुजुर्ग प्रतीत होते थे। एक कुर्ता और पाजामा पहनकर रोज आते थे, साथ में एक छाता होता था। वो हमेशा अकेले ही आते थे। लगभग एक महीने से वह उन्हें देख रहा था। एक ही तरफ मुँह करके हर रोज एक जगह बैठ जाते और सामने के गार्डन को देखते रहते। कभी-कभी हाथ में आटा, दाल, किसी फल के दाने या ऐसी कोई खाने की चीज होती जिसे आसपास फैला देते, शायद चींटियों या कबूतरों के खाने के लिए लाते होंगे। इस प्रक्रिया में उन्हें तीन-चार मिनट लगते। इसके बाद फिर से अपनी कुर्सी, जो पत्थर की बनी थी और जिस पर किसी दयावान विधायक का पार्टी सहित नाम लिखा था, पर बैठ जाते और अपलक, उस सामने वाले मैदान को ऐसे देखते जैसे कोई अपनी महबूबा को देखकर उसमें खो जाना चाहता हो।

नितिन हर रोज उन्हें देखता और उसकी उत्सुकता यह जानने की बढ़ती जाती कि ये कौन हैं, क्या करते हैं?

आखिर एक दिन नितिन उनके पास जाकर उनके ठीक सामने, पीठ करके खड़ा हो गया, जिससे उन्हें सामने का मैदान नहीं दिखा। थोड़ी देर इंतजार के बाद जब वह नहीं हटा, तो उन्होंने आवाज लगाई, "ओए काके जरा साइड से हो जा।"

नितिन सामने से हटकर एक तरफ हो गया। वह गौर से उनको देखने लगा। उम्र का सही अंदाजा तो नहीं लगा सका पर हाथों और चेहरे की झुर्रियों से यह तय था कि 80-85 के आसपास के होंगे। पास में रखा छाता भी ऐसा लग रहा था जैसे कई जगह से कपड़ा लगाकर जोड़ा गया

हो। जेब में एक चश्मा रखा था जिसे धागे से बाँधा हुआ था। धागा गले में पड़ा था, पैरों में प्लास्टिक के जैसे जूते जिन्हें मुंडा कहा जाता था, दिखाई दे रहे थे।

नितिन अपनी आदत के अनुसार जिज्ञासावश उनसे पूछने लगा, “आप इस तरफ कुछ देख रहे थे क्या अंकल जी? इधर तो कुछ है नहीं।”

“क्या बताऊँ काके, बस उम्र ठहरने का इंतजार कर रहा हूँ।” उन महाशय ने नितिन को बिना देखे ही गार्डन की तरफ देखते-देखते जवाब दे दिया।

“ठहरने का मतलब?” नितिन ने बीच में ही टोकते हुए पूछा।

“मतलब जब यह बढ़ना बंद हो जाए, और सब कुछ जहाँ है वहीं थमा रहे।”

“ऐसा भी कभी होता है क्या?” नितिन ने उनके पास जमीन पर बिछी शीतल घास जिसे वह दूबा कहता था पर बैठते हुए कहा। “बिल्कुल होगा जब मेरी यादें रुक जाएँगी, जब मेरी साँसें ठहर जाएँगी।” क्रोध और अनिश्चितता के स्वर में वह बोल उठे।

यह सुनकर नितिन को बहुत बुरा लगा। उसे लगा कि शायद इन्हें इनके बच्चे परेशान करते हों या इनके परिवार में किसी ने इनसे वसीयत करवाकर इन्हें घर से निकाल दिया हो। दरअसल, ऐसा नितिन के ऑफिस में बिल की शिकायत लेकर आने वाले वाले बुजुर्ग हमेशा कहा करते थे, और वह दिल्ली के इस कल्चर से वाकिफ हो गया था कि यहाँ अधिकांश बुजुर्ग अकेले रहा करते हैं।

उसने फिर से कहा, “क्या हुआ अंकल मुझे बताओ? मैं शायद कोई मदद कर पाऊँ? मैं कई एनजीओ या ऐसी संस्थाओं को जानता हूँ जो आपकी मदद कर सकते हैं, या भरण-पोषण अधिनियम के तहत यदि आपके कोई बच्चे आपका साथ न देते हों तो उनका भी इंतजाम किया जा सकता है।” बातों-बातों में अपनी विद्वता दिखाकर नितिन ने ज्ञान दे दिया।

वह महाशय नितिन की नादानी पर मुस्करा उठे। वह दुखी जरूर थे लेकिन उनकी आँखें किसी मजबूर व्यक्ति की जगह एक अभिमानी की-सी दिखने लगीं। उनका अपने उम्र के अनुसार कुछ और

अभिमान हो सकता था, शायद वह उनके बच्चों का हो या उनके पैसे का हो या उनकी किसी सम्पत्ति का हो या कुछ और हो। वह कड़क आवाज में पूछने लगे, "क्या करते हो काके?"

नितिन ने अपने तैयारी और ज्ञान के अहंकार से कहा, "आईएएस की तैयारी कर रहा हूँ, राजेन्द्र नगर में कोचिंग करता हूँ और यहाँ पटेल नगर में रहता हूँ।" यह कहकर थोड़ी देर रुका जैसे अपने बारे में और क्या कहना है यह सोच रहा हो, फिर बोला, "वैसे मैं दिल्ली जल बोर्ड में क्लर्क भी हूँ, अभी साथ-साथ पढ़ रहा हूँ।" उसने सरकारी नौकरी का भी अहंकार दिखाते हुए कहा।

अहंकार ही एक ऐसी चीज है जिसे उम्र भी नहीं तोड़ पाती। जो बचपन से जीवन भर रहता है। जब भी कोई हमारे अभिमान को चुनौती देता हुआ प्रतीत होता है, तब-तब हम हमलावर होने का प्रयास करते हैं। चार साल के बच्चे में भी यह भाव दिखाई देता है और सौ वर्ष के बुजुर्ग में भी, हाँ उनकी प्रतिक्रिया जरूर उनकी शारीरिक क्षमता व मानसिक समझ के अनुरूप होती है।

उन्होंने भी नितिन की भाषा समझते हुए मुस्करा दिया। उन महाशय का अनुभव जीवन के लगभग सभी पड़ाव और सफर तय कर चुका था। अब जिस जगह थे वहाँ कुछ करने को नहीं रह जाता, कुछ देखने को नहीं रह जाता। जहाँ स्वयं के अलावा कुछ नहीं बचता। लेकिन स्वयं का बोध तो अभी भी है, इसलिए मानवीय स्वभाव की कमियाँ साथ रह जाती हैं, जो प्रशंसा, सम्मान, प्यार या कुछ और यानी वह सब पाना चाहती हैं जो स्वयं से जुड़ा है। वह मुस्कराते हुए नितिन की तरफ देखकर कहने लगे, "बी लेब कंपनी का नाम सुना है?"

नितिन ने नाम सुना तो था पर ज्यादा जानकारी न होने के कारण वह मोबाइल निकालकर इंटरनेट पर देखने लगा। आजकल बात करते-करते मोबाइल से जानकारी देखकर बता सकते हैं, जो इतनी उम्र के लोग हैं वह क्या समझेंगे, यही सोचते हुए नितिन ने देखा। जैसे ही उसने कंपनी का नाम गूगल में सर्च किया तो वह ब्राउजर के पहले पेज पर दिखाई देने वाली तस्वीर को देखकर दंग रह गया और उन महाशय को गौर से देखने लगा। उस पर उन्हीं का फोटो था वो भी सूट-बूट में। जब

उस पर क्लिक कर पूरा पेज गौर से देखा तो पता चला कि यह कोई और नहीं उस कंपनी के मालिक थे। यह सालाना करोड़ों टर्न ओवर की कंपनी थी। उनकी फोटो के नीचे नाम लिखा था- गोविंद लाल पोपली, साथ ही उनकी योग्यता उसे और भी ज्यादा शर्मिंदा कर रही थी। बुजुर्ग सज्जन आईआईटी दिल्ली से स्नातक थे वह भी पहले बैच से। साथ ही इन्हें कई चीजों में राष्ट्रीय अवार्ड भी प्राप्त थे।

यह सब देखकर नितिन के सामने उसका अहंकार खड़ा हो गया, और उसे ऐसा लगा जैसे उससे कह रहा हो, "देखा, बाबू बनकर यह समझता है कि तूने दुनिया जीत ली और आईएएस की तैयारी से समझता है तू अश्वमेध यज्ञ कर रहा है।"

सच में नितिन को एहसास हो गया, वह जब भी अपने घर जाता था तो बिल्कुल ऐसे ही सबसे बात करता था जैसे वह कोई शिवाजी की तोप है और उसने कोई ऐसा काम कर लिया जो कोई कर ही नहीं सकता। इस एक व्यक्ति के देखने मात्र से उसे अपनी गलतियों का एहसास हो गया और समझ में आ गया कि शायद वह नौकरी और ज्ञान के झूठे अभिमान में जी रहा है। उसने शर्मिंदा होकर कहा, "अंकलजी माफ कर दो, मैं आपको जानता नहीं था।"

इतना सुनते ही उन महाशय का अभिमान पुष्ट हो गया और एक अभिभावक की नजरों से देखकर कहने लगे, "अरे कोई बात नहीं काके, तुम्हारी पीढ़ी में सभी देखकर ही भरोसा करते हैं और दिखाकर ही जिंदगी जीते हैं।" उस दिन इतना ही कहकर उठते हुए बोले, "इसमें तुम्हारी कोई गलती नहीं है, समय ही देखने-दिखाने का है काके।"

नितिन उनके बारे में और ज्यादा जानना चाह रहा था, पर उस दिन वह चले गए। उस थोड़े समय की बात ने नितिन को सोचने पर मजबूर कर दिया। वह उस दिन, रात भर उनके बारे में विचार करता रहा, उनसे अगले दिन मिलकर उनके बारे में जानने की सोचता रहा। उसे उनके बारे में जानने की उत्सुकता बनी रही। अगले दिन वह सुबह जल्दी उठकर फिर से वहाँ जा पहुँचा।

वह रोज से लगभग दस मिनट पहले पहुँच गया था। उस दिन की हवाएँ उसे अलग महसूस हो रही थीं। उसे यह लग रहा था कि अंदर

का बदलाव, अंदर की बेचैनी ही बाहर नजर आती है, बाहर तो प्रतिबिंब मात्र है। अब तक उसने कई बार ऐसा पढ़ा व सुना भी था लेकिन महसूस पहली बार कर रहा था। वहाँ पहुँचकर नितिन उनके आने का इंतजार करता रहा। उनके आने से पहले ही उसने गार्डन का एक चक्कर लगा लिया था। वह गार्डन की मेन एंट्री पर आँखें गड़ाए बैठ गया। उन्हें मेन गेट से अंदर को आता हुआ देखते ही उनकी तरफ जा पहुँचा। उन्होंने रोज की तरह पहले कुर्सी पर अपना छाता रखा, फिर हाथ में एक बैग से कुछ निकालकर कबूतरों को खाने के लिए डाल दिया। नितिन को देखते ही कहने लगे, "सब ठीक है काके?"

"हाँ ठीक है।" नितिन ने दोनों हाथ जेब में डाले हुए अपना सिर हाँ के संकेत में हिलाते हुए कहा।

कुछ देर वह भी वहाँ उड़ते हुए कबूतरों को देखता रहा। आखिरकार अपनी जिज्ञासा के चलते उसने पूछ ही लिया, "आपके बच्चे कहाँ हैं, वो नहीं रहते आपके पास ?"

वह महाशय उदासी भरे स्वर में कहने लगे, "पास कौन रहना चाहता है आजकल काके, तुम अपने माँ-बाप के साथ रहते हो क्या?"

"मैं तो यहाँ नौकरी करने आया हूँ, रोजगार की मजबूरी सब करा देती है।" सफाई देते हुए नितिन ने जवाब दिया।

"रोजगार तो अपने क्षेत्र में भी ढूँढ़ा जा सकता है, यदि इच्छा हो तो। तुम्हारे यहाँ से सब लोग बाहर ही जाते हैं क्या?" नए सवाल के साथ उन्होंने बात आगे बढ़ाई।

"मैं तो अभी पढ़ रहा हूँ, यह कोचिंग हमारे इधर नहीं है, और अपना खर्चा खुद उठा सकूँ इसलिए नौकरी भी कर ली।" नितिन ने नई बात बनाते हुए अपने जवाब को सही बताने की कोशिश की।

"और इसके पहले रहते थे?" उन्होंने सवाल से ही आगे बात बढ़ाते हुए कहा।

"पहले भी दूसरे जगह प्राइवेट नौकरी कर रहा था, इसलिए नहीं रह पाया।" नितिन कुछ सोचता हुआ बोला।

"उसके पहले?" महाशय ने फिर एक नया सवाल देकर बात बढ़ाई।

"उसके पहले," कहकर थोड़ा रुका, फिर कहने लगा, "पहले तैयारी के लिए बाहर जाना पड़ा था।" वह फिर से अपने को जस्टिफाई करता हुआ बोलने लगा।

"उसके पहले?" अनुभव के व्यंग्य से महाशय पूछते गए।

"उसके पहले हॉस्टल में पढ़ता था, पर हाँ उससे पहले उनके साथ था।" इस बार कुछ शर्मिंदगी महसूस करते हुए नितिन ने कहा।

"जब तुम्हें उनकी जरूरत थी तब तो तुम साथ ही रहोगे, उस समय तुम कर ही क्या सकते थे काके। आज तुम कहाँ हो यह तुम्हारा फैसला है।" उनका हर सवाल ही जवाब था और नितिन का हर जवाब ही नया सवाल था।

नितिन निःशब्द हो गया, कुछ देर इस पर चिंतन करता रहा। इस तरीके से उसने कभी सोचा ही नहीं था। वह पूछने लगा, "आपके बच्चे भी क्या पढ़ रहे हैं?"

"नहीं काके, मेरे तीन बच्चे हैं। दो बेटे और एक बेटी। दोनों बेटे अमेरिका में शिफ्ट हो गए, यहाँ उन्हें किच-किच में और चिंदी-चिंदी से काम करने में मजा नहीं आता था। बेटी का ब्याह हो गया, यहीं दिल्ली में वसंत कुंज में रहती है।"

"आपके पास आते नहीं हैं वे कभी?" नितिन ने बात को आगे बढ़ाते हुए फिर पूछा।

"कभी-कभी बेटी आती है लाट साहब के साथ, हमसे मिलने के बहाने, और दामाद पता कर जाते हैं कि हमने बच्चों के नाम वसीयत तो नहीं कर दी। बेटे बहुत दूर हैं तो अब आते ही नहीं हैं, इतना नुकसान क्यों करें अपना, हमारे गुजरने के बाद आएँगे घर बेचने।"

"क्या जमाना आ गया!" नितिन कहने लगा।

"नहीं काके, आखिर उनका भी पूरा अधिकार है, कानून ने हक दिया है उनको। वो अलग बात है कि उस हक से दामाद ने उनकी बहन को वंचित रखा है, जिसका उसने भी केस किया हुआ है।"

"तो आप यहाँ किसका इंतजार करते हैं रोज?" और भी जिज्ञासा दिखाता हुआ नितिन पूछने लगा।

"इंतजार नहीं काके, मिलने आता हूँ।"

"किससे मिलने आते हैं यहाँ? आज तक किसी को देखा नहीं आपसे मिलते या बात करते हुए।"

"मेरी जासूसी करते हो क्या हर दिन?" यह कहकर थोड़ी-सी मुस्कराहट दिखाने के बाद कुछ देर खामोश रहे, फिर बोले "अपने नाती से।"

"कहाँ हैं वो?" नितिन इधर-उधर देखता हुआ पूछने लगा।

"अब वो नहीं है।" सामने गार्डन के बीच खाली पड़ी जगह को देखते हुए उन्होंने जवाब दिया।

"नहीं है का मतलब?" नितिन ने थोड़ा चौंकते हुए पूछा।

"अब कहीं नहीं है," कहकर थोड़ी देर खामोश रहे, फिर कहा "...पर हर रोज यहीं खेलता था, मैं खुद उसे लाता था, उसे साइकल सिखाता था, इस गोल-गोल गार्डन के रोज राउंड लगवाता था।" यह कहकर वह चुप हो गए।

"अब कहाँ है वो?" नितिन फिर पूछने लगा।

"एक दिन पता नहीं क्या मत मारी गई, मैंने कहा, अब बहुत अच्छा सीख चला, चल तुझे रोड पर चलवाकर लाऊँ, इससे प्रैक्टिस भी हो जाएगी, और यहीं से आगे दाईं तरफ मेन रोड पर, कीर्ति नगर के पास फ्लाई ओवर पर उसे लेकर चला गया। उसे वहीं साइकल चलवा रहा था कि एक स्पीड में आती हुई गाड़ी उसे टक्कर मारती हुई चली गई।"

यह कहते हुए उनकी आँखों में आँसू थे। रोते-रोते बोले, "बस काके, उसके बाद बच्चों ने मुझसे बात करना भी बंद कर दिया। अब तो सिर्फ बचपन के पाकिस्तान और बँटवारे से लेकर यहाँ दिल्ली तक की यादें ही हैं, जिनमें जी रहा हूँ। झेलम से लेकर यमुना तक की साँसों को जी रहा हूँ और इनके रुक जाने का इंतजार कर रहा हूँ। यमुना तो देखते-देखते दम तोड़ गई पर यह शरीर अभी चल रहा है।"

नितिन उनकी बातें सुनकर खुद भी बुरा महसूस कर रहा था, उसे लग रहा था कि इनसे बात करके शायद वह एक पूरी दुनिया जी सकता है, जिसे वह किताबों को पढ़कर या आईएएस बनकर भी नहीं जी सकता। वह इस समय जिंदगी को इतने करीब से देख रहा था जितने

करीब से उसने पहले कभी नहीं देखा, या हो सकता है जब उसने देखा हो तब वह उसे समझने लायक न था।

उसने फिर पूछा, "पाकिस्तान से आए थे क्या आप ?"

"हाँ काके, बँटवारे में भिखारी बनकर यहाँ आए थे, कई दिन पुराने किले पर टेंट में रहने और वापस पाकिस्तान से अपनी जमीन का कागज बनवाने के बाद यहाँ एक छोटा-सा फ्लैट नसीब हुआ था।"

नितिन ने आईएएस की तैयारी में बँटवारे के बारे में पढ़ा था। उसे लगा इनसे उसे कुछ जानने को मिल सकता है, यह सोचकर कहने लगा, "मैं आपके बारे में जानना चाहता हूँ, अंकलजी, क्या आप बताओगे मुझे कैसे बँटवारा हुआ था?"

"क्या करेगा काके जानकर?"

"मैं जानना चाहता हूँ, आपसे बात करके मुझे लग रहा है, मुझे पढ़ाई से ज्यादा जिंदगी को समझने की जरूरत है।"

वह कहने लगे, "काके, अपना समय अपने काम में दो, जिसके लिए यहाँ आए हो।"

नितिन भी बिना कुछ कहे बस मुस्कराता रहा। ऐसे ही लगभग 20 दिन निकल गए। नितिन ने एक दिन फिर से पूछा, "अंकल, आप पाकिस्तान में किस जगह से थे?" तब उन्होंने भावुकता के साथ नितिन को गौर से देखा और कहा, "लायलपुर से, जिसे आज फैसलाबाद के नाम से जाना जाता है।"

"आप कैसे आए यहाँ?" उसने बात आगे बढ़ाने की चाह में फिर से पूछने का प्रयास किया।

"उसे सुनाने में बहुत समय लगेगा।"

"मेरे पास समय है, जरूरत पड़ी तो मैं छुट्टी ले लूँगा।" नितिन अपनी जिज्ञासा में उतावला हो रहा था।

"ठीक है एक काम करना, मेरे घर आना, वहाँ मैं यह सब तुम्हारी आंटी को सुनाता हूँ, उसे यह बहुत पसंद था।"

"पसंद था मतलब?" चौंकते हुए नितिन पूछने लगा।

"मतलब वो कोमा में है, तो बोल नहीं पाती, पर कहते हैं वो सब सुन सकती है, इसलिए मैं उसे यह सब सुनाता हूँ।"

नितिन ने उनके घर का पता, अपने पास रखे एक कागज पर नोट कर लिया और दो दिन बाद रविवार के दिन सुबह 9 बजे के आसपास, जिस समय पर आने का उन्होंने कहा था, घर जा पहुँचा।

सोसाइटी के बाहर एक पिलर द्वारा चुंगीनुमा दरवाजा बना रखा था, जो पीले रंग से पुता हुआ दूर से ही दिखाई दे रहा था। उसके पास से एक पैदल व्यक्ति के निकलने का रास्ता बना हुआ था, शायद जिसकी वजह से उस दरवाजे को बार-बार न खोलना पड़े व पैदल आने जाने वाले यूँ ही निकल सकें। पूरी सोसाइटी देखकर ऐसा लग रहा था जैसे यहाँ सब बहुत पैसे वाले लोग ही रहते होंगे।

रविवार का दिन था और समय भी सुबह का था, इसके बावजूद उन अधिकांश घरों में नितिन को कोई दिखाई नहीं दे रहा था, सिर्फ आखिरी के बाएँ तरफ के एक घर में एक छोटा बच्चा अपनी माँ के साथ खेल रहा था। इसके अलावा एक घर के बाहर कुर्सी डालकर हाथ में अखबार लिए एक बुजुर्ग दंपती बैठे थे। किसी एक घर में से कुत्ते की आवाज आ रही थी। शेष सभी घरों में सन्नाटा था। ऐसा लग रहा था जैसे यहाँ घर तो हैं लेकिन कोई रहने वाला नहीं है। वैसे भी घर रहने वालों से ही बनता है दीवारों से नहीं। पर शायद बड़े लोगों का घर दीवार और मशीनों से भी बन सकता है, उसके लिए इन्सानों की कोई जरूरत नहीं है।

नितिन दायीं ओर की उस पंक्ति के सबसे आखिरी घर में पहुँचा। उसके बाहर लगी नेम प्लेट पर बड़े अक्षरों में लिखा था- गोविंद लाल पोपली, 37/7, पटेल नगर। घर बहुत बड़ा था, बाहर एक गार्ड था जिसका अलग से एक केबिन बना हुआ था। उस केबिन में ड्रेस पहने हुए एक गार्ड बैठा था। गार्ड के पास एक रजिस्टर रखा था। बड़े से एंटीना वाला एक रेडियो उसके हाथ में था। गार्ड रूम में एक फोन था जो दीवार से लटका हुआ था, और वहीं पास में एक टॉर्च भी रखी थी। गार्ड की बड़ी-बड़ी मूँछें थीं और देखने में अच्छा-खासा लंबा-तगड़ा था।

नितिन को देख गार्ड ने आवाज लगाई, "कित्थे काके, कहाँ जाना है, रास्ता भूल गया कीं?" गार्ड मूलतः बिहारी था लेकिन पिछले 20 वर्ष से दिल्ली और उसके आसपास के क्षेत्र में काम करने के कारण पंजाबी और हरयाणवी मिलाकर बोलना सीख गया था।

नितिन ने अपनी जेब से पर्ची निकालकर पता बताकर पूछा, "यही घर है क्या?"

गार्ड ने नजर दौड़ाकर देखा और कहा, "लग तो यही रहा है।"

"मुझे अंकल ने बुलाया है।" नितिन ने अब कॉन्फिडेंस से जवाब दिया।

गार्ड ने ऊपर से नीचे तक देखते हुए पूछा, "हॉस्पिटल से आए हो क्या?"

"नहीं।" सिर नकार में हिलाते हुए नितिन ने जवाब दिया।

यह सुन गार्ड ने कहा, "कभी किसी और को आते हुए तो मैंने नहीं देखा यहाँ, ऑफिस के सभी काम वह ऑफिस में ही करते हैं।" फिर भी उसने एक बटन दबाकर फोन के पास रखा हुआ एक इन्स्ट्रुमेंट घुमाया और नितिन की तरफ कैमरा किया और वहीं लटके हुए फोन पर कहने लगा, "साहब यहाँ कोई आए हैं, कहते हैं आपने बुलाया है।" उसके इतना कहते ही अंदर की तरफ से आवाज आई, "आने दो सुंदर।" और अपने आप ही दरवाजा खुल गया जो शायद इलेक्ट्रॉनिक या बायोमेट्रिक था। सुंदर नाम था गार्ड का, नाम सुनकर नितिन उसे गौर से देखता हुआ यह सोचता जा रहा था कि पहले पता नहीं किस आधार पर नाम रखते थे। वह चारों और देखता हुआ अंदर जा पहुँचा।

अंदर एक बड़ा-सा खुला आँगन था, उससे लगा हुआ दायीं तरफ को एक बहुत बड़ा हॉल था। उसमें दो काम करने वाले थे। नितिन को देखते ही उन्होंने सामने अंदर की तरफ जाने का इशारा किया। नितिन उनके इशारे की तरफ चला गया। अंदर जाकर देखा कि हॉल से लगे हुए एक कमरे को हॉस्पिटल के रूम या आईसीयू की तरह बदल रखा गया था, जहाँ एक नर्स थी। पास में एक सोफा पड़ा था। बीचोंबीच पलंग पर एक महिला मौन अवस्था में लेटी थीं। उनकी आँखें खुली थीं, पर वह खुद पूरी तरह थमी हुई थीं, शायद बिल्कुल वैसे ही जैसे थमने की, खुद वह महाशय उस दिन गार्डन में कह रहे थे।

यह सब देखकर नितिन बिना कुछ कहे सामने पड़े सोफे पर बैठ गया और चारों तरफ नजर दौड़ाने लगा। उस कमरे की आधी से ज्यादा दीवारें तस्वीरों से भरी थीं। सामने की दीवार पूरी तरह तस्वीर से

ढकी थी तो आसपास की आधी। ऐसा लग रहा था जैसे पलंग से लेटे-लेटे जितना हिस्सा दिखाई देता है उतना पूरा तस्वीर से ढका था।

नितिन को उन अंकल ने इशारा किया जिसे समझकर वह उसी सोफे पर दूसरी ओर खिसककर दीवार से टिककर बैठ गया। उन्होंने अपने एक व्यक्ति को बुलाकर कहा, "आज इनका खाना यहीं होगा।"

नितिन कमरे में घूर-घूर कर चारों तरफ देख रहा था। तस्वीरें सौ से ज्यादा रही होंगी। कुछ छोटी, कुछ बड़ी, कुछ बच्चों की, खुद की शादी की, कहीं घूमने की। एक तस्वीर पर दोनों साइकल पर बैठे थे, एक तस्वीरे में तीनों बच्चे और यह खुद थे। एक तस्वीर में कुछ बर्तन थे तो एक में कोई खिलौना। एक तस्वीर में कोई पुराने जमाने की गाड़ी थी जिस पर उर्दू में कुछ लिखा था। एक तस्वीर में एक घरनुमा मस्जिद दिखाई दे रही थी। और भी ऐसी कई प्रकार की तस्वीरें थीं। कई तस्वीरें धुँधली-सी थीं जिन्हें देखकर समझा जा सकता था कि किसी पुरानी तस्वीर को स्कैन कर बड़ा करवाया गया है। कुल मिलाकर तस्वीरों में उनके जीवन की सभी यादें समाहित थीं। शायद यह सब उन्हें अच्छा लगता हो इसलिए लगाया था।

"ये कबसे हैं इस हाल में?" नितिन ने वापस अंकल को देखकर पूछा,

"इसे 18 महीने हो गए।" उन्होंने अपना चश्मा एक तरफ रखते हुए कहा।

"इनकी देखभाल कौन करता है?" नर्स की तरफ देखकर नितिन फिर पूछता है।

"देखभाल तो पैसे से हो जाती है। पैसा शरीर की सारी जरूरतें पूरी कर देता है, सिर्फ मन की पूर्ति नहीं कर पाता। बस उसका मेरे अलावा कोई नहीं है।" कुछ देर खामोशी से उसे निहारते रहे फिर बोले, "वैसे भी मन की पूर्ति किसकी हो पाई है, बुढ़ापा तो अकेले ही काटा जाता है, अपने दुख क्यों किसी और को दें?"

उनकी हर बात से नितिन को भी अपने चारों तरफ के ऐसे उदाहरण दिखाई देने लगे। यहाँ तक कि वह खुद भी यह सोचता कि क्या सब इतने मतलबी होते हैं? उसे एक बार को यह भी लगने लगा कि वह

खुद भी तो यही कर रहा है, अपने माता-पिता को अकेला छोड़कर, फिर उसने सोचा, "नहीं-नहीं, मैं ऐसा नहीं कर रहा।"

"क्या आपके बच्चे इन्हें देखने नहीं आते?" नितिन ने बच्चों की तस्वीर पर नजर करके पूछा।

"नहीं काके, वो अपना समय क्यों बेकार करें, मैं हूँ न इसे देखने के लिए। वैसे भी बच्चों को बड़ा करके या पढ़ाकर कोई हमने एहसान थोड़े ही किया है, यह तो हर माँ-बाप को करना ही पड़ता है। बस हम थोड़े-से भावनाओं से जुड़ गए उनसे, यही गलती रही। मेरे पिताजी शायद मूर्ख थे जो हमारे लिए जान दे गए। वो चाहते तो उनका परिवार, आज भी, लायलपुर के बड़े व्यापारी बने रहते।"

वह थोड़ा रुके फिर कहा, "लायलपुर", और उस जगह से उठकर एक मस्जिदनुमा तस्वीर को निहारने लगे और बोले, "यही नाम था मेरे गाँव का। हालाँकि यह गाँव नहीं था, गाँव से आगे बढ़कर शहर का रूप ले रहा था। एक समय इसे एशिया का सबसे बड़ा गाँव कहा जाता था, आज सब लोग इसे फैसलाबाद के नाम से जानते हैं।"

"वही फैसलाबाद जो पाकिस्तान के पंजाब प्रांत का एक बड़ा शहर है?" नितिन ने बीच में टोकते हुए पूछा।

"हाँ काके वही," भरे हुए गले से देखते हुए वह बोले,"यहीं पर हमारा घर था, या यूँ कहूँ अब भी है।"

"मतलब आप का कोई अभी भी रहता है वहाँ?" नितिन ने उत्सुकतावश पूछा।

"अब कोई नहीं है रहने के लिए। मेरे वालिद एक बड़े व्यापारी थे, जो कपड़े का व्यापार करते थे। 1942 में जब पूरा देश आजादी के आंदोलन में भाग ले रहा था, तब वह भी छुप-छुप कर इसमें भाग लेने लगे। वह उस समय तक चार बार गांधीजी से भी मिल चुके थे और हर प्रकार की सहायता के लिए हमेशा तैयार रहते थे। उसी समय कुछ लोगों को लगा कि आजादी की लड़ाई में जब भी कहीं जाना होता है तो कोई साधन नहीं मिलता। इससे सबको बड़ी परेशानी होती थी। कभी बैलगाड़ी से कभी साइकल से या अक्सर पैदल चलकर या कभी-कभी एक कोई जुगाड़ गाड़ी चलती थी, उसका सहारा लेते थे। बस ऐसे ही समय कट रहा

था। लेकिन जब आंदोलन की गतिविधियाँ तेज होने लगीं तो उसी समय सबको लगा कि किसी के पास कुछ होना चाहिए, जिससे सब कहीं जा सकें और अपनी सामग्री भेज सकें। पर ऐसा भी न हो कि अँग्रेजों को शक हो तो सभी ने फैसला किया कि सब मिलकर एक गाड़ी (जो आजकल की बस का सबसे प्रारम्भिक स्वरूप थी) चलाते हैं, जिससे हम रोज अपने संदेश, अपनी वस्तुएँ कहीं भी भेज सकें और खुद भी कहीं जा सकें।

"इसके लिए सभी ने मिलकर बहुत विचार किया। पैसा तो गुलामी के समय में भी आजाद था, उसकी जितनी आज कीमत है, उतनी ही उस समय थी। इस काम के लिए किसी के पास पैसा नहीं था, तब मेरे पिताजी ने अपना कपड़ों का व्यापार बेचकर इसे करने का फैसला लिया, और उन्होंने एक जुगाड़ से थोड़ी अच्छी, इंजन से चलने वाली बस खरीदने की अर्जी लगा दी।"

"बस के लिए अर्जी?" नितिन ने पूछा।

"हाँ काके, बस की परमीशन तो आज भी लेनी पड़ती है, और आज तो कई और प्रकार के कर भी देने पड़ते हैं, तो उस समय कैसे नहीं होती? बताते हैं उसके लिए उन्हें कई दफ्तरों में पापड़ बेलने पड़े थे। उस समय रेडियो तक की लिखित परमीशन लेनी पड़ती थी। आखिर कुछ महीने बाद, मेरे पिताजी की मेहनत, नेताओं से संपर्क व पैसे की मदद से गाड़ी खरीद ली गई।"

"उस समय भी रिश्वत चलती थी क्या?" नितिन ने पूछा।

"हाँ काके, हमारे साथ जो कुछ आज है वह उस समय भी था, बस रिश्वत का स्वरूप अलग था। कई सरकारी मुलाजिम उस समय डकैतों से भी ज्यादा लुटेरे थे। हमारे भारत आने के दौरान सबसे ज्यादा माल, रास्ते के अफसरों ने ही लूटा था। इस गाड़ी को लाने में उन्हें क्या दिक्कत आईं, कैसे गाड़ी लाए, इसकी मुझे ज्यादा जानकारी नहीं है, मैं उस समय सिर्फ सात साल का था।"

फिर दीवार की तरफ इशारा करते हुए बोले, "यह जो पुरानी-सी तस्वीर देख रहे हो, यह उसी बस की है जो उस समय एक दिन अखबार में छपी थी।"

नितिन उस तस्वीर को गौर से देखता रहा, उसमें उर्दू और पंजाबी में मिक्स कुछ लिखा था।

वह उस तस्वीर को निकालकर नितिन के पास ले आए और कहने लगे, "इसे मैं 1970 में पाकिस्तान से खोजकर लाया था, वो भी इसी के कहने पर।" उस पलंग की तरफ देखते हुए बोले, "इसे मैं हर समय बचपन की कहानी सुनाता था, तो कहती थी मुझे भी वो गाड़ी देखनी है।"

यह कहते-कहते वो उठकर बाहर चले गए, और किसी दूसरे कमरे से एक पुरानी तस्वीर लेकर आए, उसे दिखाते हुए बोले, "मेरे परिवार में, मेरे और मेरे माता-पिता के अलावा मेरी दो बड़ी बहनें थीं। हम कुल पाँच लोगों का परिवार था। इसके अलावा एक कल्लू चाचा थे जो पापा के काम में मदद करते थे। उन्होंने पापा के इस निर्णय से थोड़ी-सी असहमति जताई थी लेकिन मेरी माँ और दोनों बहनें बहुत खुश थीं कि गाड़ी में घूमने को मिलेगा।"

कुछ देर ऐसे ही विचारों में खोए चुपचाप बैठे रहे, फिर बोलना शुरू किया, "आखिर पापा ने लगभग एक महीने में अपना व्यवसाय बदल लिया। अपना पुराना कपड़े का व्यवसाय बेच दिया, और एक गाड़ी ले आए, जिसकी खुशी में मिठाई बाँटी गई, उसी पर एक दिन पूरा परिवार घूमने गया। यह वही फोटो है। इसमें जो सबसे पीछे की खिड़की पर बड़ी-बड़ी आँखों से देख रही है यह मेरी बड़ी बहिन गुड्डी है।" इतना कहते-कहते उनके आँखों में आँसू आ गए।

थोड़ी देर अपनी जगह से खड़े हुए और दीवार की एक तस्वीर निकली और उसे देखते-देखते बोले, "मैं अपने परिवार में सबसे लाड़ला था, एक तो लड़का और ऊपर से सबसे छोटा, यही गुड्डी मुझे जबरदस्ती तैयार करती थी। माँ से ज्यादा इसी ने पाला है मुझे। जब मैं इससे लड़ने लगता तब बीच में आकर माँ सबसे कहती कि मेरे पिनु को कोई परेशान नहीं करेगा, पिनु, हाँ प्यार से मुझसे यही कहते थे, गोविंद लाल पोपली तो मेरा नाम स्कूल में दाखिले के समय हुआ था।"

यह कहते-कहते उठकर गाड़ी की तस्वीर लेकर उसमें लिखे हुए को पढ़ने लगे।

"मैंने 1945 में पाँचवीं पास की थी, उसके बाद पढ़ाई अस्त-व्यस्त हो गई। आजादी का आंदोलन तेज हो गया था, इसके साथ-साथ मुल्क के बँटवारे का भी आंदोलन चलने लगा था। पर यह मुल्क का बँटवारा सिर्फ राजनीति ही लगती थी, मेरे पापा ने ऐसा कभी नहीं सोचा था कि सच में देश बँट जाएगा, नहीं तो अक्टूबर 1946 में वो पैसा खर्च करके हमारे घर में एक बड़ा कमरा नहीं बनवाते, न ही लोहे का बड़ा बक्सा लेकर आते।"

बातें करते-करते वह फिर से तस्वीरों में अपनी चीजें खोजने लगे। तस्वीरों पर हाथ फेरते-फेरते बोले, "वो तो अपनी दुनिया में मस्त थे। उन्हें राजनीति में दिलचस्पी तो थी लेकिन सिर्फ आज़ादी के लिए, और वो सिर्फ वही देखना चाहते थे जो उनके मन में बसा था। कुछ महीनों से बँटवारे और आजादी दोनों को लेकर हलचल बढ़ने लगी थी। मेरे पिताजी आजादी के आंदोलन पर तो ध्यान देते पर बँटवारा और सांप्रदायिकता जैसे सिर्फ मजाक लगता था उन्हें, वह कभी मानते ही नहीं थे कि हिंदू-मुस्लिम अलग-अलग होते हैं।"

इतने में उनका एक नौकर चाय लेकर आ गया। वह नितिन से बोले, "ले काके, चाय पी," और खुद भी साथ में चाय पीने लगे। पीते-पीते फिर कहना शुरू किया-

"मेरे पास में अशफाक चाचा का घर था। उनसे हमारी अच्छी पटती थी। वह कभी कभी दंगों को लेकर बात करते तो हम सभी आपस में यही कहते, 'अरे चिंता न करो हम सबके बीच कोई नहीं आने वाला।' सब कुछ अपने समय के हिसाब से चल रहा था, मेरे पापा हर रोज इस बात को लेकर ज्यादा आशावादी होते जा रहे थे कि बस अब आजादी मिलने ही वाली है। एक बार तो उन्होंने यह तक कहा था कि बाल गंगाधर तिलक की आत्मा से कुछ लोगों ने पूछा था तो पता चला 1947 में हम आजाद हो जाएँगे।"

"आत्मा से?" नितिन ने चौंककर पूछा।

"हाँ काके, ऐसा हमने भी सुना था, अब सच्चाई क्या है नहीं पता।" इतना कहते-कहते कुछ देर रुके, फिर आगे बोलना शुरू किया, "पर मेरी मम्मी कुछ महीनों से डर-डरकर रहती थीं। वो पापा के देर से

आने पर उन्हें डाँटती थीं। मेरी बहनें भी आपस में कुछ डरावनी बातें करती थीं। सबने बाहर निकलना बंद कर दिया था। कई अलग-अलग गाँवों से दंगों की खबरें भी आती थीं। मेरी माँ इन सबसे बहुत डरने लगी थीं, लेकिन वो पापा से कुछ न कहतीं। वो कई दिनों से जिक्र कर रही थीं कि मुझे बुरे-बुरे सपने आ रहे हैं। कभी कहतीं कि बहुत अपशकुन हो रहे हैं। पर पापा इन सबको इगनोर कर देते, जैसे उन्हें कोई फर्क ही नहीं पड़ता था। वह अब भी घर बड़ा करने की सोच रहे थे। वो कहते थे कि गुड्डी की शादी होगी तो मेहमान कहाँ रुकेंगे।"

इतना कहते-कहते उस एक तस्वीर पर हाथ फेरकर आँखों में आँसू भर लिए, कुछ देर चुप रहे फिर बोले, "जुलाई 1947 में माहौल और ज्यादा बदल गया था, आए दिन दंगे होना आम बात थी, पर पापा कहते, 'यह आजादी के पहले की आखिरी चिंगारी हैं, इससे डरो मत, यह घर रोशन करने वाली आग है, जलाने वाली नहीं।' आखिर एक दिन में मेरे पापा दौड़ते-दौड़ते आए और दरवाजा खुलवाकर बोले, 'चलो समान पैक करो आज रात में यहाँ से निकालना है।' यह सुनकर माँ बोलीं कि 'क्या हुआ कुछ बताओ तो।' 'देश का बँटवारा होने वाला है, यह हिस्सा सिर्फ मुसलमानों का होगा और हमें यहाँ से जाना होगा।' यह कहकर पापा ने हम सब बच्चों को अपने से लिपटा लिया। 'जाना होगा? इस घर का क्या करेंगे, इतने प्यार से बनवाया था।' यह कहकर माँ पूरे घर को देखने लगीं, पर शायद वो इस चीज को समझ रही थीं। उन्होंने सबसे कहा कि अपना जरूरी समान रख लो, पापा ने कहा कि सिर्फ पैसे और जेवर लेना हैं शेष सब यहीं छोड़ दो।' 'यही छोड़ दूँ?' माँ फिर बोलीं। 'अरे अभी यहाँ से चलो नहीं तो मारे जाएँगे, बाद में जिंदा रहे तो मैं आकर सब ले लूँगा' माँ ने फिर भी कुछ समान एक बक्से में रख छत से पास वाले अशफाक चाचा के यहाँ रखवा दिया और उनसे कहा, 'हम जा रहे हैं।' वो भी यही बोले कि अभी चले जाओ यहाँ से, माहौल सही नहीं हैं।"

यह कहते कहते वह थोड़ी देर रुके और गहरी साँस लेकर ऊपर को देखने लगे, फिर बताना शुरू किया-

"उस दिन रात में लगभग 9 बजे हम घर से निकले। जैसा पहले से तय था थोड़ी ही दूर घंटाघर के दीवार से चिपकाकर, पेड़ों की ओट में

हमारी गाड़ी खड़ी थी, जिसमें कल्लू चाचा हमारा इंतजार कर रहे थे। हम सब डर-डर के अपने समान के साथ गाड़ी तक पहुँचे, और गाड़ी से अपने गाँव से दक्षिण की तरफ जो रास्ता था उसी पर चले, पर गाड़ी की आवाज़ से कई लोगों को पता चल गया। रास्ते में हमें कई जगह आग जलती हुई दिखाई दे रही थी। एक जगह बहुत लोग खड़े थे, उन्होंने गाड़ी देखकर चिल्लाना शुरू किया, पर हम और तेज हो गए। फिर आगे एक जगह रोड पूरी तरह खुदी पड़ी थी, कोई जा न पाए शायद इसलिए किसी ने ऐसा किया हो। हमारी गाड़ी वहाँ से आगे नहीं निकाल पाई, और पीछे से कुछ दूरी से हमें लोगों की आवाजें आ रही थीं जिससे बहुत डर लग रहा था। तभी चाचा ने सबसे कहा, 'तुम लोग यहीं उतर जाओ, यहाँ से लगभग एक मील दूर नेहटी गाँव है, जिसमें गाँव से दूर उत्तर की तरफ खेतों में हमारा पुराना पार्टनर अहमद रहता है। उसके पास चले जाना। वो कुछ दिन रुकने में मदद करेगा और मैं किसी रास्ते से गाड़ी लेकर अगले शहर पर इसे रखकर आपको लेने वापस आऊँगा।'

"इतना कहते ही वो और पापा हम सबको उतारने लगे। वहाँ से हम सब दायीं ओर खेत के रास्ते से भागे। चारों तरफ सन्नाटा था। रात अपने आप में डराने के लिए काफी होती है। हम पहले से ही डर-डरकर चल रहे थे, रात ने साथ मिलकर इसे दोगुना कर दिया। एक तरफ से जानवरों की आवाजें आ रही थीं, कई कीड़े ऐसे आवाज निकाल रहे थे जैसे हमें देखकर सभी को चिल्ला-चिल्लाकर पता बता रहे हों। हम सब बहुत डरे हुए थे। अहमद चाचा का घर पापा ने भी देखा था क्योंकि वो उनके साथ पहले काम करते थे, पर ऐसे माहौल में उन्हें भी डर था कि वो मदद करेंगे या नहीं। लगभग एक घंटे चलने के बाद हम उनके घर के पास पहुँचे। उनका घर गाँव से थोड़ी दूर खेत पर था। चारों तरफ सन्नाटा था। कई जगह से जानवरों की आवाजें आ रही थीं। पास में ही एक तालाब था जिसमें से कई प्रकार के बरसाती कीड़ों की डरावनी ध्वनियाँ गूँज रही थीं। हम सबको एक जगह छिपाकर पापा अहमद चाचा के घर पहुँचे। उन्होंने माँ से कहा था कि यदि मैं चिल्लाकर भागने को कहूँ तो यहाँ से जंगल की तरफ इन बच्चों को लेकर भाग जाना, और आगे नेहटी गाँव के आगे एक पुलिस चौकी है उससे मदद माँगना।

"उन्होंने अहमद चाचा के घर का दरवाजा बजाया। काफी देर बाद चाचा ने तसल्ली करने के बाद दरवाजा खोला, फिर उन्हें अंदर ले गए। थोड़ी देर बाद पापा वापस आए, हम सबको भी घर में ले गए। उनका बड़ा घर था, जिसमें 11-12 लोग थे, वे सभी किसी भी प्रकार की समस्या से निबटने के लिए तैयार लग रहे थे। घर में ढेर सारे पत्थर, आग जलाने का सामान, डंडे और कई प्रकार के लोहे से बने हथियार रखे हुए थे। उन्होंने थोड़ी देर हमें समझाया कि इस समय यहाँ रुकना तुम्हारे लिए ठीक नहीं है, उनके घर की महिलाओं को देखकर लग रहा था वे नहीं चाहतीं हम यहाँ रुकें, पर हमारे पास कोई उपाय नहीं था।"

यह सुनाते-सुनाते अंकल यादों में डूब गए। अपना अतीत हर किसी को अच्छा लगता है लेकिन यदि अतीत ऐसा डरावना हो तो उसे याद न ही करना बेहतर होता है। कुछ देर फिर से कमरे में खामोशी छा गई। नितिन बोला, "आप फिर दिल्ली कैसे पहुँचे, कल्लू चाचा कहाँ मिले आपको फिर?"

नितिन की तरफ देखकर उन्होंने जवाब दिया, "कल्लू चाचा फिर कभी नहीं मिले, उस रात उसी गाड़ी में उन्हें जिंदा जला दिया गया था।"

नितिन हतप्रभ-सा देखता रहा और उस वीभत्स समय को अपनी कल्पना से बनाकर सोचने लगा कि वह कितना खुशनसीब है जो उसका जन्म ऐसे किसी राज्य में नहीं हुआ था जो बँटवारे से प्रभावित हो, और न ही उसका जन्म गुलाम देश में हुआ था।

उन महाशय ने फिर बोलना शुरू किया, "इधर हम पापा के परिचित अहमद चाचा के घर पहुँच चुके थे। उन्होंने कहा, 'तुम्हें यहाँ रोकना मेरे लिए भी बहुत गलत हो सकता है।' फिर भी परिस्थिति देखकर और आपस में बात करके उन्होंने कहा कि हमारे घर के पीछे एक बाड़ा है जिसमें जानवरों के लिए एक कमरा बनाया गया है। अभी वहाँ कुछ बकरियाँ बँधी हैं। उसमें तुम छुप जाओ और सुबह माहौल सही होते ही यहाँ से निकल जाना। फिर उन्होंने अपने घर में किसी की तरफ इशारा करते हुए कहा, 'देख जरा खाने को क्या है?' तभी पापा बोल पड़े कि हमें बस छुपने की जगह चाहिए, हमारे लिए सिर्फ पानी की व्यवस्था कर दो।

और इतना कहकर वह उस तरफ देखने लगे जहाँ उन्होंने छुपने को कहा था। हम लोग अफरा-तफरी में जरूर निकले थे लेकिन पापा बहुत दूर की सोच लेते थे, उन्हें पता था हमें पहुँचने में शायद कुछ दिन लगें इसलिए कुछ तैयारी करके रखी थी।

"हम सब उनके द्वारा दी गई एक मशक लेकर उस बाड़े की तरफ बढ़े जहाँ अहमद चाचा ने इशारा किया था। हम उनके घर के पीछे वाले हिस्से में गए जो घर से जुड़ा हुआ था लेकिन एक दरवाजे से अलग था। उस तरफ कुछ भूसा डाला हुआ था और एक कमरा था जिसका हाथ से बना हुआ लकड़ी का दरवाजा था। अंदर दो बकरियाँ बँधी थीं। कमरे में एक तरफ बैलगाड़ी का एक टूटा हुआ पहिया डला था, तो एक तरफ बकरियाँ थीं। पूरे कमरे में भूसा बिखरा पड़ा था। अंदर घुसते ही सभी को बकरियों की बदबू आ रही थी। पापा ने बैलगाड़ी का पहिया हटाकर उस जगह को साफ किया और हम सब वहीं बैठ गए। इसके पहले माँ और दीदी ने उन्हें समझाया कि चलो यहाँ से अभी चलते हैं पर पापा ने कहा कि अभी रात है और मुझे रास्ते का अनुमान नहीं है। साथ ही आगे एक छोटी नदी भी पड़ती है जिसमें से पैदल निकलना पड़ेगा। इस समय कितना पानी होगा यह अंदाजा भी नहीं है।"

वह सुनाते जा रहे थे और नितिन उन जगहों की कल्पना कर अपने को खुशनसीब मान रहा था कि उसे ऐसा कुछ नहीं देखना पड़ा।

आगे उन्होंने फिर बताना शुरू किया, "हालाँकि उस वर्ष मानसून बहुत देर से आया था, ऐसा लग रहा था जैसे पूरी कायनात ही रूठी हुई हो। उस रात किसी को नींद नहीं आई, मैं ही कुछ देर के लिए माँ की गोद में सिर रखकर सो गया। कई सालों से मैं माँ की गोद में सिर रखकर नहीं सोया था, पर शायद ईश्वर हर घटना को किसी उद्देश्य से घटित करता है। अगले दिन सुबह जैसे ही पक्षियों की आवाज आने लगी और थोड़ा-थोड़ा दिखाई देने लगा, हम सबने जाने का फैसला किया। यह देख अहमद चाचा ने कहा, 'बाहर जाना इस समय खतरे से खाली नहीं है, चारों तरफ दंगे हो रहे हैं। रात में कुछ लोग इस तरफ भी आए थे, फिर नदी की ओर चले गए। मेरी मानो तो अभी कुछ दिन बाहर न निकलो यदि खैरियत चाहते हो तो।' हम और ज्यादा डर गए और फिर से उसी कमरे में

बंद हो गए। उसी में हमने बड़ी बेकार हालात में एक दिन और काटा। कोई बाहर नहीं निकला। किसी को पेशाब करने भी बाहर नहीं जाने दिया, सब कमरे में ही किया, उसी बैलगाड़ी के पहिए की ओट में जहाँ बकरियाँ थीं।"

यह कहते-कहते उन अंकल की आँखों में फिर से आँसू आ गए। वह उठकर फिर से तस्वीरों के पास जा खड़े हुए, और थोड़ी देर बाद फिर आगे कहना शुरू किया, "जैसे-तैसे इतना बड़ा दिन काटा, रात होते ही पापा ने अहमद चाचा से कहा कि इस मशक को भर दो और हम सुबह यहाँ से निकल जाएँगे। इस पर उन्होंने कहा, 'इस समय लड़कियों का बाहर जाना ठीक नहीं है, चारों तरफ लड़कियों को कैद करने और ले जाने की खबर आ रही है। इससे अच्छा है तुम चले जाओ इन्हें यहीं छोड़ दो, ये घर पर ही बनी रहेंगी और जब सब ठीक लगे तो इन्हें बाद में ले जाना।' यह सुन पापा का दिमाग ठनका, उन्हें लगा अब यहाँ रहना ठीक नहीं है। उन्होंने बस यही कहा, 'ठीक है कल देखेंगे कैसा माहौल रहता है।' वो समझ गए कि यह लड़कियों को रखना चाहता है। वह आधी रात को हम सबको लेकर चुपचाप दरवाजा खोलर बाहर निकले और नदी के रास्ते से ही चल पड़े। लगभग आधा मील चलने के बाद हमें एक जगह फिर से आग जलती हुई दिखाई दी। हम सब एक पेड़ की ओट में रुक गए, पर बहुत देर तक कोई दिखाई नहीं दिया तो आगे बढ़ने लगे। कुछ देर बाद हम नदी तक पहुँच गए। नदी में ज्यादा पानी नहीं था पर नदी गहरी थी। हालाँकि यह कोई बड़ी नदी नहीं थी, यह एक नहर जैसी प्राकृतिक रूप से बनी हुई छोटी नदी थी। रात अँधेरी थी तो कुछ साफ दिखाई भी नहीं दे रहा था।"

इसी समय अंकल का नौकर आकर कहता है, "ऑफिस से संगीता मैडम का फोन आया है।" यह सुनकर अंकल कमरे से बाहर चले गए, थोड़ी देर बाद जब लौटे तो उनके हाथ में एक नक्शा था, जो अविभाजित भारत का था। उसे देखकर वह कहने लगे, "पापा को लगता था कि यदि हम लाहौर तक पहुँच सके तो मदद मिल जाएगी, क्योंकि वहाँ कई नेता उनके परिचित थे और मिलट्री भी शहरों में दंगे रोक रही थी।

हालाँकि वह जानते थे कि ऐसे चलकर जाना सभी के लिए आसान नहीं है। लाहौर से पहले रावी नदी पड़ेगी जिसे यूँ ही पार नहीं कर सकते।

"वहाँ से अगले दिन हम जंगल में छिपकर चलते रहे। आगे जरानवाला गाँव मिला जहाँ एक खेत पर हम रुके। उसके पास कुआँ बना हुआ था। वहाँ जो रहता था उसे कुछ देने के बदले में मदद मिल गई थी। मजबूरी में हर कोई फायदा उठाता है। पैसे से आप मजबूरी से निकल सकते हैं, लेकिन पैसा बड़ी मुसीबत भी ला सकता है यह उसी समय पता चला। उस रात उसी खेत पर रह रही एक महिला ने आकर कहा, 'इसी समय यहाँ से चले जाओ, मेरे पति अपने कुछ लोगों को बुलाने गए हैं, जो लड़कियों को खरीदने आते हैं।' यह कहते-कहते वह रोने लगी और कहने लगी, 'मैं नहीं चाहती कि मेरे जैसा और किसी के साथ हो, जाओ तुम लोग और जो कुछ रुपया-पैसा है उसे छिपाकर रखो।' इतना सुनकर पापा ने बिना देर किए वहाँ से निकलना उचित समझा। लगातार दो दिन जंगल में बीते, फिर वहाँ से चलकर हम मंगतवाला पहुँचे। वहाँ भी हमने ऐसे ही मदद लेने की कोशिश की, लेकिन अब अंदर डर बैठ गया था, हम किसी पर भरोसा नहीं कर सकते थे। इंसान तब तक ही मदद करता है जब उसे फायदा हो, यदि फायदा न हो तो मदद करने वाले भी नहीं मिलते।

"मँगतवाला से लगभग दो मील पहले हमें एक परिवार और मिला जो हमारे ही जैसा था। उसमें माता-पिता और दो बेटे थे। उनसे बात करने पर पता चला कि उनकी एक बेटी भी थी जिसे पिछले गाँव में कुछ लोग जबरदस्ती उठाकर ले गए। यह सुनकर हम सबके चेहरे पर हवाइयाँ उड़ने लगीं। हमने मन ही मन उस महिला का शुक्रिया किया जिसने समय पर हमें वहाँ से निकाल दिया था। मंगतवाला से पहले हम एक खेत पर पहुँचे। वहाँ एक चूल्हा दिख रहा था जिसे छूकर पता चला कि उसे कुछ देर पहले ही उपयोग किया गया है। हम सब कुछ देर वहीं रुके। उस समय वेद प्रकाश जो दूसरे परिवार का लड़का था, उसने बताया कि यहाँ से आगे तीन मील दूर पुलिस का कैंप लगा है, जहाँ हम जैसों को रोककर आगे भेजने की व्यवस्था कर रहे हैं।

"यह सुनकर हम सब उसी तरफ चल दिए। वहाँ हम जैसे लगभग 40 परिवार थे, सब डरे हुए थे। कुछ पुलिस वाले खड़े थे। हमें देखकर एक पुलिसवाले ने पापा को अलग ले जाकर बात की और थोड़ी देर बाद पापा ने अपने पास रखा पूरा पैसा उन्हें दे दिया। बाद में पता चला कि उन्होंने सबके पैसे लूट लिए थे, और उसी के आधार पर वह सबको लाहौर तक भेजने का दावा कर रहे थे। हमें यह समझ आ गया था कि अभी जो कुछ हमारे साथ हो रहा था उससे भी ज्यादा बुरा हो सकता था, इसलिए चुपचाप लाहौर पहुँचने के इंतजार में पुलिसवालों के साथ रहे। वैसे भी जब बड़ी मुसीबत हो तो छोटी मुसीबत का आना भला महसूस होता है।

"अगले दिन वह हमें कहीं नहीं ले गए, रात में एक जीप आई जिसमें कोई अधिकारी थे। उनके आते ही पुलिसवालों ने बड़ा-सा सैल्यूट मारा और कहा कि सब कब्जे में है, आज रात कुछ परिवारों के और आने की संभावना है, उन सभी को कल लाहौर के लिए रवाना कर देंगे। 'ठीक है ध्यान रखना अब खून-खराबा न हो, और इन काफिरों से सब छीन लेना, हमारी मिट्टी का एक भी टुकड़ा उस मुल्क में नहीं पहुँचना चाहिए, इन्हें जिंदा जाने दे रहे हैं यही बहुत है।' यह कहकर थोड़ी देर बाद वे सब चले गए। रात में फिर एक गाड़ी राउंड पर आई। उसके साथ दो परिवार भी थे, उन्हें भी हमारे साथ एक पेड़ के नीचे बनाए हुए टेम्परेरी कैंप में बैठा दिया गया। बात करने पर पता चला कि उनका भी सब छीन लिया गया है। अगले दिन हम सब वहाँ से चले। पूरा दिन चलने पर शाम को किसी जगह डेरा डाल लेते। उस शाम को हमारे रुकने के दो घंटे बाद दो पुलिसवाले आए और उन्होंने कहा कि यहाँ से ज़नानी अलग गाड़ी से जाएँगी। यह सुन हमारे साथ के सभी भड़क गए और पुलिसवालों से मना किया, पर उसी दौरान एक पुलिसवाला कहने लगा ये ज़नानी हमारे बच्चे पैदा करने के काम आएँगी इन्हें आगे जाने कि इजाजत नहीं है। इतना सुनने के बाद, जब वे नहीं माने तो सभी ने बगावत कर दी और उनसे लड़ने लगे। हममें से दो लोगों की जान चली गई और सब भागने में सफल रहे। पूरी रात भागने के बाद सुबह जंगल में ही किसी जगह रुक गए। दोपहर के बाद वहाँ से आगे चलना शुरू किया और शाम तक हम मंडी

फैजाबाद के पास पहुँच गए। वहाँ पर हमें फिर से कुछ पुलिसवाले मिल गए, उन्होंने हमें रोककर हमारी तफ्तीश की और सबको मारा। उन्होंने भी हमारे साथ में जितनी लड़कियाँ थीं उन्हें छोड़कर आगे बढ़ने को कहा या उनके बदले में पैसे माँगे। अभी भी महिलाओं के पास कुछ जेवर छुपे हुए थे। सभी ने उन्हें जेवर या जो कुछ था वो सब दे दिया। इसके बाद भी उन्होंने तसल्ली करने के लिए सभी औरतों को चेक किया, सभी शर्म के मारे झुककर बैठी रहीं। जब उन्हें तसल्ली हो गई कि अब इनके पास कुछ नहीं है तो आगे जाने दिया।

"उस समय वे भी भले लग रहे थे क्योंकि उन्होंने जिंदा जाने दिया और रिश्वत लेकर छोड़ दिया। उस रात और अगले दिन पूरा चलने के बाद सब लोग सराकपुर पहुँचे। वहाँ कुछ हिन्दू मिले जो उसी देश में रहना चाहते थे, उन्हें लगता था कि बाद में सब सही हो जाएगा। उन लोगों ने इत्तला किया कि आगे लड़कियों के साथ जाना ठीक नहीं है। उन्होंने हमें जंगल से होकर दूसरा रास्ता बताया और कुछ दिन के खाने का इंतजाम करने लायक थोड़ी-सी सामग्री उपलब्ध करा दी। उसके बाद आगे कई दिन छिप-छिपकर चलने के बाद हमें सतलज नदी मिली। अब तक सबकी हालात खराब हो चुकी थी, किसी को यह भी नहीं पता था कि हम कहाँ जा रहे हैं, बस चलते जा रहे थे।

"बीच में एक जगह और डकैत मिले, लेकिन उन्होंने भी चेक करके छोड़ दिया। वे डकैत पुलिस जैसे नहीं थे, भले प्रतीत हो रहे थे। हम नदी के बिल्कुल समीप पहुँच गए। सतलज नदी पर एक ही जगह थी जहाँ से हम निकल सकते थे। उस समय नदी में पानी था, नदी के उस तरफ कुछ लोग दिखाई दे रहे थे, आगे ढलान थी तो उसके आगे हम कुछ देख नहीं सकते थे। हम सभी ने एक लकड़ी के बने हुए कामचलाऊ पुल से नदी पार करना शुरू किया कि दूसरी तरफ से मुस्लिमों ने आकर हमें घेर लिया। उन्होंने बिना कुछ बोले धार्मिक नारा लगाना शुरू कर दिया। हम सबको गाली देने लगे और जो लड़कियाँ थीं उन्हें पकड़ने को झपटे। उन्हें देखकर हमारे साथ की एक ज़नानी अपनी बेटी के साथ नदी में कूद गई और जाते-जाते चिल्लाकर कहने लगी कि 'इनके हाथ लगने से तो मरना अच्छा है।' यह देख मेरी माँ भी दोनों बहनों के साथ नदी में कूद

पड़ीं। साथ की एक लड़की व उसकी माँ को वे उठाकर ले गए। उसके साथ जो था उसे तलवार से मार डाला और सभी नदी में जाकर उन महिलाओं को खोजने लगे जो कूदी थीं। इस दौरान मेरे पापा मुझे लेकर आगे दौड़ गए। मैं रोता रहा, उन्होंने कहा, चल यहाँ नहीं रुकना। मैं माँ, माँ, करता रहा, नदी के उस पार थोड़ी दूर पर फोर्स दिख रही थी। हम वहीं जा पहुँचे, उन्हें जब सब बात बताई तो उन्होंने यही कहा कि तुम लोग चलो अब वे नहीं आएँगे।"

यह कहते-कहते अंकल रोने लगे। थोड़ी देर हमारे कमरे में पूरी तरह सन्नाटा रहा। उन्होंने नौकर से कहकर पानी मँगवाया और कहा, "उसके बाद आज तक नहीं पता वह जिंदा बची थीं या नहीं, मैंने बहुत खोजा पर कुछ पता न चला। 1970 के आसपास लाहौर में एक परिचित ने बताया था कि गुड्डी को किसी ने अपने घर रख लिया था, मैंने बहुत खोजा पर आज तक पता नहीं चला।"

कुछ देर फिर खामोशी रही। नितिन ने पूछा, "फिर आप यहाँ तक कैसे आए?"

"हमें ट्रक से लाहौर ले जाया गया। तीन दिन वहाँ रोका गया, ऐसी जगह जहाँ जानवर भी नहीं रुक सकते थे। जो भी पुलिसवाला आता वह कहता, 'हिन्दुओं ने सब खा लिया, तुम्हारे लिए कुछ नहीं छोड़ा, तुम चाहो तो इस्लाम कबूल कर यहीं रह सकते हो।' आखिर तीन दिन बाद वहाँ से हमें रवाना कर दिया गया। उनकी बातों से लग रहा था कि भारत में भी यही हो रहा था। दोनों तरफ लोग बदले की भावना से जल रहे थे। हम सबको कुरुक्षेत्र में लाया गया और कुछ दिन वहीं रोका गया। अब हम हिंदुस्तान में आ चुके थे। अब भी हमें यह अपना देश नहीं लग रहा था, यहाँ सब पराया था। सभी हमें शरणार्थी कह रहे थे। कुछ लोगों की जिद के कारण हमें अपना सब खोना पड़ा। ये दोनों देश हमारे लहू पर बसे हैं। यहाँ आकर भी कई दिन हम परदेशी ही रहे, बाद में दिल्ली के लाल किले में शरणार्थी कैंप में भेजा गया। कुरुक्षेत्र में खाना जरूर नसीब हो जाता था लेकिन कोई व्यवस्था नहीं थी। चारों तरफ गंदगी फैली थी, कहीं भी शौच करने तक की जगह नहीं थी। अधिकतर लोग बीमार होने लगे, उसी में पापा को हैजा हो गया। दिल्ली पहुँचने के बाद हम सबको

देखने के लिए कुछ डॉक्टर जैसे लोग आने लगे, कुछ नीम हकीम दवा करने लगे। पापा को देखने डॉक्टर आए और दवाई दी। लगातार 10 दिनों तक उन्होंने दवाई खाई, लेकिन उनकी हालात में सुधार न हुआ। सैकड़ों लोग इसी तरह बीमार थे और रोज कई लोगों के मरने की खबर मिल रही थी। एक दिन पापा भी उसी बीमारी से चल बसे।"

यह कहते-कहते अंकल ने गहरी साँस ली। वह कुछ देर खामोश रहे, फिर बोलना शुरू किया, "अब मैं अकेला था, मैं सिर्फ आठ साल का था। मुझे पता भी नहीं था क्या करना है। मैं रोने लगा और सबसे कहने लगा कि मेरी माँ को बुलाओ। हमारे साथ एक वेद प्रकाश थे जो हमारे करीब हो गए थे, उन्होंने मुझे चिपकाकर चुप कराया। उन्होंने ही सबके साथ अंतिम संस्कार कराया। उसके बाद एक सरकारी मुलाज़िम मुझसे बोला, "कोई रिश्तेदार हैं क्या तुम्हारे?" मैंने दो लोगों का नाम सुना था लेकिन मुझे पता नहीं था कौन कहाँ है, और मुझे कोई ज्यादा जानकारी भी न थी। उसी समय वेद प्रकाश अंकल ने वहाँ के लोगों को दो जगह के पते दिए, वे दोनों हमारे दूर के रिश्तेदार थे। पापा ने अपने अंतिम दिनों में परिस्थिति भाँपकर उन अंकल को दोनों के पते लिखवा दिए थे और मेरी जिम्मेदारी उन्हीं को दे दी थी। उस दिन पता चला कि एक बाप की अंतिम इच्छा भी उसके बेटे की सुरक्षा होती है। उनके पते पर पोस्ट द्वारा चिट्ठी भेजी गई, दोनों में से किसी का जवाब नहीं आया। बहुत दिन तक इंतजार किया पर कुछ नहीं हुआ।

"हमारे पहुँचने के कुछ समय बाद ही ट्रेनों में कत्लेआम शुरू हो गया था। हमारे बाद जिंदा पहुँचने वाले लोग बहुत ही कम थे। पूरे देश में चारों तरफ दंगे ही दंगे हो रहे थे, हर कोई धर्म के नाम पर अपने देश को अलग बनाने की बात का समर्थन कर रहा था। कई महीनों बाद जब माहौल थोड़ा बदला तो सरकार ने उन लोगों के लिए कुछ विचार किया जिन्हें शरणार्थी कहा जा रहा था। सच में शायद हम शरण में ही थे और कई लोगों की अर्थी भी निकलती जा रही थी।

"उसके बाद ऐसे शरणार्थियों को बसाने पर विचार किया गया। सभी को दिल्ली के आसपास ही बसाना था। उसके लिए सर्वे कराया गया तो सेंट्रल दिल्ली के करोल बाग से लेकर पटेल नगर की तरफ सभी को

जगह अलॉट की गई। उसके बाद जब लगा कि ज्यादा लोग हैं तो पटेल नगर तक बड़े-बड़े प्लॉट अलॉट किए गए और उसके बाद जगह कम-कम करके अलॉट की गई। इन जगहों का नाम नेताओं के नाम पर रखा गया- राजेंद्र नगर, पटेल नगर, कीर्ति नगर, सुभाष नगर, हरि नगर, ऐसे आगे तिलक नगर तक जगह अलॉट की गई। उस समय करोल के बाद सब सूना था, कोई बस्ती न थी, बीच में छुटपुट गाँव थे, जैसे शादीपुर, नारायना, बसई दारापुर आदि। तिलक नगर के बाद आगे पूरी तरह जंगल था, उसके बाद पगडंडी जैसा रास्ता था जिससे नजफगढ़ या मितरउआ, ककरौला जैसे गाँव तक लोग जाते थे। आगे शहर की बिलकुल हवा न लगी थी, ये गाँव अब तक पूरी तरह गाँव ही थे।

"हमें पटेल नगर में जो जगह दी गई थी वहाँ कई सालों तक बिजली नहीं आई। 1954 में लकड़ी के खंभे के जरिए बिजली पहुँचाई गई। हम अपने कारोबार में माहिर थे लेकिन पूंजी न थी। वेद प्रकाश अंकल का चॉकलेट बनाने का काम था, उन्होंने वही शुरू किया। हम शुरू में चॉकलेट बेचने गाँव-गाँव तक जाते थे। गाँववालों के लिए यह नई चीज थी, वे इसे पसंद करने लगे और धीरे-धीरे हमने पैसे कमाए। जो लोग भी पाकिस्तान से भागकर आए थे वे सब उद्यमी थे जो अपना सब कुछ छोड़कर इस देश में आए थे। लेकिन जो कमाना जानता है वह कहीं भी कमा सकता है। इन सभी लोगों ने करोल बाग से लेकर तिलक नगर तक पूरे क्षेत्र को अगले दो दशकों में देश का बड़ा व्यापारिक केंद्र बना दिया और यहाँ के लोगों को भी व्यापार करना सिखा दिया। इससे पहले यहाँ के लोग सिर्फ सरकार के सेवक थे और ज्यादा चीजों से उन्हें मतलब नहीं था। धीरे-धीरे हम लोग पूरे देश में जाने जाने लगे। इधर जब चॉकलेट बेचते समय हमारी थोड़ी कमाई होने लगी तो वेद प्रकाश अंकल ने मुझे स्कूल भेजना शुरू कर दिया। मैं मन लगाकर पढ़ने लगा और मैंने परीक्षा पास करके दिल्ली आईआईटी में दाखिला ले लिया।

"हम लोगों के बढ़ते प्रभाव के कारण इस क्षेत्र में विकास होने लगा। कीर्ति नगर का फ्लाईओवर दिल्ली का पहला फ्लाईओवर था, करोल बाग से लेकर तिलक नगर तक के इस क्षेत्र ने विकास के मामले में पूरी दिल्ली को पीछे छोड़ दिया था। मैंने भी पढ़ाई पूरी कर वेद प्रकाश

अंकल की मदद से यह कंपनी शुरू की। वह हमेशा कहा करते थे कि 'एक पीढ़ी मेहनत करनी है बस, उसके बाद तुम्हारे बच्चे जिंदगी भर घर बैठकर खाएँगे, तुम्हारे लिए एहसानमंद होंगे कि उनके लिए कितना कुछ कर दिया।' वह खुद के लिए भी यही सोचते थे। लेकिन वह इस मामले में गलत साबित हुए, उनके जीते जी ही उनके बच्चे लड़कर अलग हो गए थे। उनके घर का केस आज भी चल रहा है। मेरे भी दोनों बेटे बाहर चले गए। मुझे भी पता है इस घर का केस कोर्ट में चलेगा और तीनों उसके लिए लड़ेंगे।"

नितिन यह सुनकर खुद आँखों में आँसू भर भावुक हो गया था। वह कहने लगा, "सही कहा अंकलजी, जब सब कुछ बिना किए मिल जाता है तो उसकी कदर नहीं रहती।"

कुछ देर बाद वह फिर बोलने लगे, "कभी-कभी लगता है इतनी मेहनत क्यों की! मैं उस दिन माँ के साथ नदी में क्यों नहीं कूद गया!! और जब सब कुछ ठीक भी हो गया तो हमें बच्चों के लिए इतना सब करने की जरूरत ही क्या थी, हम अपनी जिंदगी भी तो जी सकते थे।"

उसी दौरान उस कमरे में लगी मशीन बीप-बीप की आवाज करने लगी। नर्स दौड़कर आई। वह कहने लगी, "माताजी को होश आ गया है!" उन्होंने तुरंत हॉस्पिटल फोन करके एंबुलेंस बुलाई, उसी समय उन्हें एडमिट किया गया और नितिन वहाँ से अपने घर वापस आ गया। उसके पाँच दिन बाद वह चल बसीं।

उसके बाद नितिन उनके घर कभी नहीं गया, न ही उसने आगे कुछ जानना चाहा। वह अपने आप से कई सवाल पूछता रहा, कि माता-पिता जीवन में इतने कष्ट किसके लिए सहते हैं? एक पुत्र को क्या करना चाहिए? क्या पिता-पुत्र का संबंध आम लोगों की तरह ही है? क्या माता-पिता सिर्फ बच्चों को इस दुनिया में लाने और पालकर बड़ा करने तक सीमित हैं? उसने कई दिन इन सवालों पर चिंतन किया। वह हर जगह अपने को देखता। वह सोच रहा था कि मुझमें और उनके बच्चों में क्या अंतर है? आखिर एक दिन नितिन इस्तीफा देकर अपने गाँव चला गया और सब कुछ छोड़कर अपने माता-पिता के साथ रहने लगा। उसके माता-पिता और गाँव के लोग उसे मूर्ख कहने लगे- ऐसा मूर्ख जो अपना

भला-बुरा नहीं समझता और जो भावनाओं में आकर नौकरी छोड़कर अपने परिवार के लिए जीने लगा। शायद सभी यही चाहते हैं कि उनका बेटा बुढ़ापे में अलग ही रहे। और जो कुछ हो रहा है चारों तरफ वह किसी न किसी रूप में पूरे समाज की इच्छा है।

# बँटवारा

तहसील न्यायालय में सुनवाई चल रही है, पुरुषोत्तम ने बँटवारे का आवेदन पेश किया हुआ है। पुरुषोत्तम के पिता चार भाई थे। सभी के हिस्से में सम्मिलित रूप से 18 बीघा जमीन थी जिसे उसके पिताजी के गुजरने के बाद अब चार हिस्सों में बाँटना है।

तहसीलदार के सामने फाइल प्रस्तुत होती है। वह लिख देते हैं, खसरा खतौनी चार महीने पुरानी है, नई लगाएँ।

"साहब, चार महीने से ही फाइल चल रही है।" पुरुषोत्तम ने हाथ जोड़कर कहा।

तहसीलदार, बाबू की तरफ देखते हैं।

"सर, एक महीना तो इन्होंने आवेदन पूरा करने में ही लगा दिया। पहले टिकट नहीं थे, फिर आवेदन सही नहीं लिखा था, उसके बाद इलेक्शन के चक्कर में तीन महीने से कुछ हो ही नहीं पाया। इनकी एक बुआ भी हैं जिनका नाम इसमें नहीं है।"

"वो तो पहले हो चुका, हमें क्या करना उनसे? और आवेदन में जो कमी थी वह एक बार में ही बता दिया करो, टुकड़ों में क्यों बताते हो?" तहसीलदार साहब ने कहा।

बाबू चुप हो गया, शायद साहब उसका इशारा नहीं समझे थे।

"साहब, यह आवेदन सही से नहीं कर पाएँगे। इससे अच्छा है कि यह वकील कर लें।" बाबू ने फिर तहसीलदार साहब से कहा।

"साहब, वकील दो हजार रुपए माँगता है, इतना पैसा हम कैसे दें? और हम सब जानते हैं बिना वकील के भी आवेदन हो सकता है।" पुरुषोत्तम साहब की तरफ हाथ जोड़कर बोला।

तहसीलदार साहब बोले, "हाँ, वकील की जरूरत नहीं है, आप खुद हर पेशी पर आकर अपनी बात रख सकते हो, पर पहले लेटेस्ट खसरा खतौनी और नक्शा लगाओ इसमें फिर आना।"

"ठीक है साहब," कहकर पुरुषोत्तम चला गया।

उसने पटवारी को फोन करके बताया, “खसरा खतौनी चाहिए लालाजी, वो बँटवारे का आवेदन कर रहे हैं साहब के यहाँ।”

“पटेल साहब, तुमसे कहा था न कि किसी आवेदन की जरूरत नहीं है, मैं सब कर दूँगा।” पटवारी ने फोन पर जवाब दिया।

यह सुनकर पुरुषोत्तम बोला, “लालाजी, हमने पढ़ा है तहसीलदार से ही होना सही रहता है, न्यायालय की पूरी प्रक्रिया होनी चाहिए, कोई आपत्ति करेगा तो वो भी पता चल जाएगा।”

“ठीक है तो फिर खसरा खतौनी का आवेदन कर दो। जहाँ से मिलेगा, उसका मुझे क्या पता, पटवारी नहीं बनाता अब खसरा खतौनी, सब कम्प्यूटर से निकलता है।” यह कहते हुए पटवारी ने फोन काटा और पास बैठे सचिव से कहने लगा, “पढ़े-लिखे लोग सबसे ज्यादा बेबकूफ होते हैं। हमाइ बात हो गई थी साहब से, चार हजार में काम हो जाता, सिर्फ दो दिन लगते। अब भुगतेंगे सालों तक, और फिर भी काम हम ही करेंगे, इन्हें अपनी भलाई दिखती नहीं है।”

पुरुषोत्तम फिर से बाबूजी के पास पहुँच गया, “बाबूजी, खसरा खतौनी निकालनी है।”

बाबू ने चिढ़ते हुए उसे देखा और चिल्लाकर बोला, “हममें से निकाल लो खसरा खतौनी, जाओ जहाँ से निकले वहाँ, यहाँ दिमाग मत खाओ।”

पुरुषोत्तम हाथ जोड़े खड़ा रहा, “बाबूजी, आप ही बताओ कैसे निकलेगी?” बाबूजी फिर देखकर बोले, “तुम नेता ज्यादा बनते हो, पहले चाय मँगाओ सबके लिए फिर बताते हैं।”

पुरुषोत्तम ने जेब में से 50 रुपए निकाले। “दे दो उस कोटवार को,” कहते हुए बाबूजी ने इशारे से कोटवार को बुलाया जो तहसील में जमीन पर एक बोरा बिछाकर बैठा हुआ था।

“कितनी लानी है साहब?” कोटवार पूछता है।

“40 की चाय ले आना और 10 रुपए तुम रख लेना।”

“जी साहब।” कहता हुआ कोटवार अपना पंचा झड़ाता हुआ बाहर निकल गया।

"बेचारे इतनी दूर से आते हैं इनका ध्यान रखना पड़ता है, इसलिए हमने 10 रुपए उसको दे दिए।" बाबू अपनी दरियादिली दिखाते हुए मुँह मटकाकर बोला।

"तब तक खसरा खतौनी निकलवा दो हमारी।" पुरुषोत्तम ने फिर आग्रह किया।

"अरे रुक तो जाओ चाय पी लो तनिक, हमने कह दई तो निकर जे है।" थोड़ी देर बाद चाय आती है, सब मिलकर चाय पीते हैं, उसके बाद बाबूजी कहते हैं, "अब खसरा खतौनी हाथ से नहीं बनती सब कुछ कम्प्यूटर से हो गाओ। तहसील से आगे जाओगे तो जनपद पंचायत का ऑफिस मिलेगा, उसमें एक लोक सेवा केंद्र है, वहाँ आवेदन करना वह निकालकर दे देंगे।"

"ठीक है बाबूजी," कहता हुआ पुरुषोत्तम चला गया। उसके जाने के बाद वहाँ उपस्थित एक वकील ने कहा, "यही काम पहले कर देते तो क्या दिक्कत थी, बेचारे का टाइम बेकार किया। 4 बजे तो लोक सेवा केंद्र बंद ही हो जाता है, अब कल छुट्टी है, परसों आवेदन होगा, उसके 7 दिन बाद मिलेगा।"

"हमें सरकार सलाह देवे के पैसा दे रही का? जे तो तुम जैसे वकीलों का काम है जो सलाह देवे के भी गरीबों से पैसे लेते हो, हम तो बिना कछु लएँ बता देते हैं।"

उस दिन पुरुषोत्तम सच में लेट हो गया था। हालाँकि ऐसा नहीं कि समय के बाद काम नहीं होता, पर सिर्फ बेईमान व्यक्ति का होता है, ईमानदार का काम सिर्फ ऑफिस टाइम में ही होता है।

वह वापस घर चला गया। वह समझ गया था कि बाबूजी या पटवारी के पास जाने का अब कोई मतलब नहीं है। उसके दो दिन बाद सोमवार को पुरुषोत्तम ने खसरा खतौनी का आवेदन दिया, और नियम के हिसाब से 7 दिन बाद मिला। जब कर्मचारी को यह पता हो कि सामने वाला व्यक्ति ज्यादा कानूनबाज है तो वह उसका काम नहीं रोकता, क्योंकि उसे पता है यह सबूत के साथ शिकायत करेगा। लेकिन ऐसे व्यक्ति का काम नियत समय के अंतिम कार्य दिवस की शाम को ही होता

है। यही पुरुषोत्तम के साथ हुआ, उसका जो काम दो या तीन दिन में भी हो सकता था वह पूरे 7 कार्य दिवस में हुआ।

आखिर वह लगभग दस दिन बाद सभी दस्तावेज तैयार करके तहसील पहुँचा। उसका आवेदन फिर से पेश हुआ। तहसीलदार साहब ने पूरा देखा और उससे कहा, "कब की तारीख लगा दूँ?"

"तारीख क्यों साहब, बँटवारा कर दो सीधा।" पुरुषोत्तम हाथ जोड़कर बोला।

"अरे ऐसा होता है क्या? सभी पक्षों को सुनना पड़ता है, कोई दावा आपत्ति हो तो उसका निराकरण करना पड़ता है, पटवारी की फर्द लगती है, और सभी हितबद्ध पक्षकारों की सहमति, उसके बाद ही यह सब होता है।"

"साहब, सहमति होती तो बँटवारा ही क्यों करते! और इन सबकी जरूरत है तो फिर आप किसलिए बैठे हो, आप ही हमारे माई बाप हो।" पुरुषोत्तम फिर हाथ जोड़कर कहने लगा।

"हम अकेले कुछ नहीं कर सकते, हम सिर्फ एक प्रक्रिया को लागू कराने वाले हैं, पूरी प्रक्रिया नहीं हैं," यह कहते हुए तहसीलदार साहब ने कैलेन्डर देखते हुए कहा, "15 दिन बाद की तारीख लगा दी है, तब आ जाना और यदि वकील की जरूरत लगे तो वह भी कर सकते हो।"

"साहब, अब तो सब हो ही गया, अब वकील का क्या काम है।" पुरुषोत्तम ने यह कहा ही था कि बाबू बोल पड़ा, "हमने कही थी साहब, बिना वकील के जे कछु नहीं कर पाएँगे," और फिर पुरुषोत्तम की ओर देखता हुआ बोला, "अभी शुरू भी नहीं हुआ केस, और तुम्हें लग रहा है सब हो गया।"

एक आम आदमी सिर्फ यही समझता है कि न्यायालय तक या किसी संस्था तक पहुँचने का मतलब है उसका काम हो गया, जबकि उसे यह नहीं पता कि यह सब सिर्फ रास्ते की शुरुआत है, अब रास्ता कितना लंबा निकलेगा यह सब उसके हाथ में नहीं है। उन सबको नमस्कार कर पुरुषोत्तम जाने लगा। उसे टोकते हुए बाबूजी बोले, "अरे सुनो, फाइल पर साइन तो कर जाओ, जे का तुम्हारे कक्का करेंगे!"

"अब हमें का पतो बाबूजी कि हमारे भी साइन होंगे। हमारे साइन की इतनी वैल्यू है जे तो हमें भी नहीं पतो।"

"वो तो ठीक है, वैसे पहले चाय तो मँगवा लो, दे दो पैसा वो कोटवार है।"

यह सुन पुरुषोत्तम ने जेब से 20 रुपए निकालकर कोटवार को दिए। "इससे क्या होगा पटेल साहब?" कोटवार बोला। 20 रुपए देख बाबूजी भी बोल पड़े, "कैसे आदमी हो यार, कमा के कहाँ ले जाओगे, कम से कम 50 तो दो, सब चाय तो पी पाएँ।" आखिर उसने 50 रुपए दे ही दिए।

तहसीलदार साहब यह सब डाइस से बैठे बैठे देख रहे थे और अगली सुनवाई कर रहे थे। वह जानते थे कि यह ठीक नहीं है लेकिन अब करें भी तो क्या, कोई डाइरेक्ट रिश्वत तो ली नहीं जा रही। साथ ही डिपार्टमेंट ने एक ही बाबू दिया है उसी से काम लेना है, दो अन्य पद रिक्त हैं। छोटी जगह कोई आना नहीं चाहता, जो आया है, अब यदि उसी पर कार्रवाई करें तो काम कौन करेगा। इसके अलावा तहसील में इतना वर्क लोड है कि वह बाबू छुट्टी के दिन भी आ-आकर जानकारी बनाता रहता है, कभी-कभी रात के 9 बजे तक भी बैठकर काम करता है, और काम ज्यादा होने के कारण उसने एक प्राइवेट लड़का भी रखा है, 4,000 महीने के उसे भी देता है। जो भी चतुर्थ श्रेणी के कर्मचारी हैं जिनका मासिक वेतन 7,000 से भी कम है उनके खर्चे के लिए कुछ इन्कम भी करने का मौका देता है। आखिर ऐसे व्यक्ति को तहसीलदार कैसे हटा दे, वह भी तब जब इसका विकल्प कोई और नहीं है। और फिर तहसीलदार साहब को भी चाय तो मिल ही जाती है वह भी कप में, जबकि बाबू तो डिस्पोजल में ही पीता है।

आखिर उस दिन पुरुषोत्तम वापस चला जाता है। 15 दिन बाद वह समय पर पहुँच जाता है, पर साहब नहीं आते।

बाबू बताता है, "अर्जेंट कोर्ट के मामले में आज एसडीएम साहब की पेशी थी, उनकी जगह सर को भेज दिया, अब आगे आना।"

"अब कब आना है?"

अगली तारीख एक महीने बाद की दे दी जाती है। अब पुरुषोत्तम तारीख का मतलब समझने लगा था और उसे तारीख पर तारीख का भी मतलब समझ आ रहा था। अब वह सच में वकील बनने लगा था। उसे अपने गाँव के हल्के दाऊ की बात याद आ आ गई कि 'कोई भी ड्राइवर गाड़ी चलाते-चलाते आधा मिस्त्री और किसान केस लड़ते-लड़ते आधा वकील बन ही जाता है।'

एक महीने बाद पुरुषोत्तम फिर पहुँचा। तहसीलदार साहब फ़ाइल देखकर पूछते हैं, "तुम्हारा क्या है?" वह फिर से बँटवारे की पूरी बात बताता है। इतने में तहसीलदार साहब फाइल पढ़ते हैं और उस पर लिखते हैं- सभी हितबद्ध पक्षकारों को सूचना प्रेषित की जाए। और पुरुषोत्तम की तरफ देखकर कहते हैं, "अगली तारीख कब की लगा दें?"

"बँटवारा ही कर दो साहब, कब तारीख लगाओगे!" पुरुषोत्तम फिर से हाथ जोड़कर कहता है।

"अरे दादा ऐसे नहीं होता।" तहसीलदार साहब ने कहा। यह सुन पुरुषोत्तम फिर कहने लगा, "तो कल की लगा दो साहब।"

"ऐसा नहीं होता, सूचना भेजने में ही 10 दिन लगते हैं, फिर किसी को वकील करना है, अपनी बात रखनी है तो समय तो देना पड़ेगा।"

आखिर फिर से एक महीने बाद की तारीख लगा दी गई।

जाते समय पुरुषोत्तम ने 50 रुपए निकाल बाबूजी को दिए और कहा, "बाबूजी चाय मँगा लो।" धीरे-धीरे वह न्याय की परंपरा समझने लगा था। वह जान गया था कि न्याय पैसे के रास्ते से ही निकलता है।

एक महीने बाद पुरुषोत्तम फिर से पहुँचा। उस दिन बाबूजी छुट्टी पर थे तो सभी फाइल आगे बढ़ा दी गईं। उसकी विशेष याचना पर अगली तारीख सिर्फ दस दिन बाद थी। उस दिन किसी ने उससे चाय के पैसे नहीं माँगे।

दस दिन बाद पुरुषोत्तम फिर जा पहुँचा। उस दिन जिले में कोई कैंप लगा गया था जिसमें किसानों के नामांतरण, बँटवारा तुरंत निबटाने के आदेश थे। तहसीलदार साहब उसमें गए हुए थे, तो अगली तारीख फिर 20 दिन बाद की दी गई।

उसके हस्ताक्षर कराने के पहले बाबूजी ने फिर चाय के लिए पैसे माँगे। वह भी पैसे देकर चाय पीने बैठ गया और बाबूजी से कहने लगा, “क्या सरकार है! जो आवेदन लगाकर परेशान हो रहे हैं उनकी सुनवाई नहीं हो रही और बाहर नामांतरण, बँटवारे का कैंप लग रहा है।”

बाबूजी यह सुनकर थोड़े अलर्ट हुए और अपने ग्राहक की पीड़ा समझ उसे समझाते हुए बोले, “देखो पटेल साहब, जो तहसील में हो रहा है वह न्याय है, और जो बाहर हो रहा है वह राजनीति है। न्याय लगातार चलता है और राजनीति सिर्फ चुनाव के समय चलती है।” यह सुन पुरुषोत्तम भी बोला, “हाँ बाबूजी, समझ में आ गया। सब हमारा ही फायदा उठा रहे हैं। दूसरे को क्या दोष दें, जब अपने भाई से हमारी नहीं बनती तो सरकार और तहसीलदार हमारे कौन होते हैं।”

“अरे ऐसा मत सोचो, हम सब तुम्हारे लिए ही हैं। यह सरकार भी तुम्हारे लिए ही है। तुम्हारे बिना हमारी कोई इज्जत नहीं है और तुम्हारे बिना सरकार की भी कोई इज्जत नहीं है।”

“ठीक है बाबूजी, आ गया समझ।” यह कहते हुए पुरुषोत्तम वापस चला गया। धीरे-धीरे वह न्याय के साथ साथ राजनीति भी समझता जा रहा था।

20 दिन बाद पुरुषोत्तम फिर पहुँचा। उसने देखा कि उसका एक ताऊ का लड़का भी आया हुआ था। फाइल पेश हुई, तहसीलदार साहब ने पूछा, “सभी पक्षों को सूचित कर दिया क्या?” पता चला कि एक पक्ष का किसी को पता नहीं है, उसे सूचना नहीं मिली। तहसीलदार ने उसका पता खोजकर लाने को पुरुषोत्तम से कहा।

उसने कहा, “साहब उनका कोई अता-पता नहीं, किसी के संपर्क में नहीं हैं वो।”

“हमें इससे मतलब नहीं है, उनका पता खोजकर लाओ और उन्हें सूचना तामील कराओ।”

“यदि वो नहीं मिले तो साहब?”

“तो न्यूज पेपर में निकलवाना पड़ेगा, बहुत महँगा पड़ेगा।”

पुरुषोत्तम विचार में पड़ गया। इसी महँगाई से बचने के लिए तो उसने पटवारी से नहीं कराया था, जबकि पटवारी को सिर्फ 5,000 के

लगभग देने थे। अब तक वह 1,000 से ज्यादा खर्च कर चुका था और कई महीने बेकार भी। लेकिन वह पढ़ा-लिखा था, उसने हार नहीं मानी। उसने कहा, "ठीक है साहब, हम खोजेंगे।"

अगली तारीख एक महीने बाद की दे दी गई।

इस एक महीने में उसने एक पक्षकार को खोजने का भरपूर प्रयास किया। आखिर एक महीने बाद वह हार मानकर आया। उसे कोई नहीं मिला था।

बाबू ने उससे कहा, "हम तरीका बताते हैं, थोड़ा-बहुत खर्चा कर सको तो..." और अपने चपरासी से कहा, "इसका आवेदन तामील कराना है, गाँव के नोटिस बोर्ड पर भी और आवेदक के परिवार के किसी सदस्य को भी।"

चपरासी बोला, "करा देंगे साहब। 1,000 रुपए लगेंगे।"

किसी भी सरकारी कार्यालय में चपरासी भी बड़ा महत्वपूर्ण होता है। उसे पता होता है कि कौन-सा काम कैसे होना है, और उसके सहयोग से बड़े-बड़े निर्णय हो जाते हैं।

"1,000 काए के यार?" पुरुषोत्तम बोला।

"अरे इसमें हमारी रिस्क है, आवेदक मर गया हो और हम उसे तामील करा दें, तो दिक्कत तो हमें होगी न, नौकरी हमारी जाएगी तो इतना तो बनता है।"

पुरुषोत्तम को बात ठीक नहीं लगी। वह पढ़ा-लिखा समझदार था, यदि समझदार न होता तो अब तक उसका बँटवारा हो चुका होता। उसने मना कर दिया और न्यूज पेपर में निकलवाने को तैयार हुआ।

बाबूजी ने फिर से एक दिन की चाय और 50 रुपए अतिरिक्त के एवज में कोई पुरानी पेपर कटिंग दिखाकर उसे दी और बताया कि इस तरह से निकालना है। साथ ही यह भी समझाया कि "इसी काम की वकील 2,000 फीस लेता है, हम तो सिर्फ चाय पी रहे हैं।"

पुरुषोत्तम हाथ जोड़कर चला गया।

आखिर उसने 2,000 रुपए खर्च करके दो न्यूज पेपर में यह निकलवा दिया। 20 दिन बाद वह अगली तारीख पर दोनों पेपर कटिंग लेकर जा पहुँचा।

उस दिन उसके दो ताऊ के लड़के भी आए थे। चार में से कुल तीन पक्षकार थे, एक की सूचना न होने के कारण पेपर कटिंग थी

फाइल फिर से देखी गई। तभी किसी अनजान वकील ने चौथे व्यक्ति की तरफ से वकालतनामा पेश किया। उस पर किसी महिला के हस्ताक्षर थे। उसके अनुसार वह इनकी बुआ थी। उन्होंने बँटवारे पर आपत्ति लगाई थी और कहा था कि चौथा भाई सब कुछ उन्हें दे गया था। साथ ही एक अन्य भाई ने बँटवारा नहीं करने की प्रार्थना की थी।

इस प्रकार यह प्रकरण विवादित हो गया।

जो भाई बँटवारा नहीं कराना चाहता था वह सबसे ज्यादा जमीन पर काबिज था। एक भाई मौके पर कब्जे के अनुसार बँटवारा चाहता था। पुरुषोत्तम पूरी जमीन के बराबर हिस्से सभी में बाँटना चाहता था, और छोटा पक्षकार जो उनकी बुआ के रूप में था वह किसी भी तरीके से बँटवाकर उसे बेचना चाहती थी, जिसके लिए उन्होंने एक दूर का रिश्तेदार भी खोज लिया था।

तहसीलदार साहब ने सबको सुना और अगली तारीख पर उनकी बुआ के वकील को मालिकाना हक दर्शाने के लिए कुछ और दस्तावेज पेश करने को कहा।

पुरुषोत्तम अगली तारीख पर फिर जा पहुँचा। इस बार उसे रह-रहकर पटवारी की सलाह याद आ रही थी, उसने कहा था, “किसी के चक्कर में मत पड़ो, मैं सब कर दूँगा।”

अगली तारीख पर वह वकील उपस्थित नहीं हुआ। उसे एक और मौका देने के कारण फिर से फाइल आगे बढ़ा दी गई।

अब एक महीने बाद फिर पुरुषोत्तम जा पहुँचा। उसने देखा वकील ने कोई वसीयत जैसा दस्तावेज पेश किया है। उसे तहसीलदार ने पढ़ा और फाइल में लगा दिया। पुरुषोत्तम बोला कि साहब यह फर्जी है। उसके अन्य भाइयों ने भी यही कहा।

यह सुनकर तहसीलदार बोले, “इसे सही-गलत साबित करने का अधिकार मुझे है, वह मैं देख लूँगा।”

आगे की तारीख पर पटवारी फर्द लगवाने को लिख दिया गया।

अगली तारीख पर वे सभी फिर से उपस्थित हुए। तहसीलदार साहब ने बताया कि पटवारी फर्द अप्राप्त, पुनः सूचित किया जाए।

अगली तारीख फिर से 15 दिन बाद की लगाई गई।

15 दिन बाद वे सभी फिर से उपस्थित हुए। उस दिन फर्द प्राप्त हो चुकी थी। पटवारी फर्द में पुरुषोत्तम के पिताजी चार भाई और दो बहन का जिक्र था, साथ ही उनके द्वारा बँटवारे के लिए प्रस्तुत जमीन में से एक हिस्सा पिछले 15 वर्ष से किसी और के कब्जे में होना बताया था। इसके अलावा चारों की कब्जे की जमीन का जिक्र था और कब्जे के अनुसार ही बँटवारे की अनुशंसा की गई थी।

पुरुषोत्तम समझ गया कि उसके ताऊ के लड़के ने पटवारी को सेट कर लिया है।

उसने तहसीलदार से कहा, "साहब, जमीन सबको सभी खेतों में से बराबर बराबर बाँटी जाए, क्योंकि एक खेत रोड से लगा हुआ है वह सबके हिस्से में आना चाहिए।"

इस पर उसके ताऊ के लड़के ने कहा, "ऐसा नहीं होना चाहिए, इससे कोई खेती नहीं कर पाएगा। खेत कोई कागज का टुकड़ा नहीं है, जिसे कहीं से भी काट दो। खेत पहले से बने हुए हैं, और उस आखिरी खेत को हमने कई बार पैसे और मेहनत लगाकर बनवाया है, वह हमारा ही रहेगा।"

यह सब सुनकर तहसीलदार ने उनसे कहा, "तुम सब आपस में विचार कर लो। यदि मुझे करना पड़ा तो मैं अपने हिसाब से बाँट दूँगा। सबसे अच्छा तरीका है तुम लोग आपस में तय कर लो।"

साथ ही फाइल को विचारार्थ अवलोकन के लिए लिखकर अगली तारीख एक महीने बाद की लगा दी।

पुरुषोत्तम को अब समझ आ चुका था कि उसके पिताजी और गाँव के लोग पटवारी के हिसाब से क्यों चलते थे। उसने इस दौरान अपने परिवार के अन्य लोगों से बात करने की कोशिश की लेकिन कोई नहीं माना। यदि सब लोग इतनी समझदारी से चल सकते तो फिर कोर्ट की जरूरत ही क्या थी।

अगली तारीख पर सभी लोग उपस्थित हुए। उस प्रदेश में विधानसभा चुनाव के मद्देनजर आचार संहिता लग चुकी थी, इस कारण तहसीलदार साहब चुनाव के किसी काम में व्यस्त थे। बाबूजी ने उनसे कह दिया कि अब जो भी होगा चुनाव के बाद ही होगा, अब दो महीने घर पर आराम करो। सभी लोग चले गए। वकील और बाबू अपने-अपने क्लाइंट से कुछ खर्चा माँगकर उन्हें आश्वासन देकर विदा कर देते।

उस दौरान किसी शिकायत पर उन तहसीलदार को स्थानांतरित कर दिया गया। उनकी जगह दूसरे तहसीलदार आए थे। उन्होंने लगातार जल्दी-जल्दी दो तारीखें लगाईं और उन तारीख पर किसी के उपस्थित न होने के कारण यह लिखते हुए कि कोई भी पक्षकार रुचि नहीं ले रहा और लगातार अनुपस्थित हैं, एवं अदम पैरवी में आवेदन खारिज कर दिया।

लगभग तीन महीने बाद पुरुषोत्तम उम्मीद से पहुँचा। बाबूजी देखकर कहने लगे, “कहिए क्या काम है?” बाबूजी का भी स्थानांतरण कर दिया गया था, नए बाबू को कोई जानकारी न थी। इनके कहने पर उसने इस नाम की फाइल खोजी पर कोई फाइल न मिली। आखिर में पुरुषोत्तम द्वारा 100 रुपए ऑफर किए जाने पर दायरा पंजी में पुरानी तारीख से देखकर मिलान किया तो पता चला कि वह खारिज हो चुकी है। साथ ही उस फाइल को रिकॉर्ड में जमा कर दिया गया है।

अब आगे के लिए उसे कोई ढंग का वकील करने और रिकॉर्ड से फाइल निकालने की सलाह देकर बाबूजी ने चलता कर दिया।

आज भी ऐसे लाखों पुरुषोत्तम कई न्यायालयों में हर रोज हाजिरी लगा रहे हैं।

# सीमांकन

मध्य प्रदेश के ग्वालियर जिले में गिर्द तहसील के अंतर्गत रोपण गाँव में जनमेजय का घर था। जनमेजय ने जिले के एक प्रतिष्ठित स्कूल से बारहवीं की, उसके बाद टेक्सटाइल में इंजीनियरिंग की और फिर दो साल नौकरी की तैयारी की। जब सफलता नहीं मिली तो घरवालों ने उसे पढ़ने के लिए बाहर भेज दिया, क्योंकि उसके घर रहने के कारण शादी नहीं हो पा रही थी। आखिर सबकी बात सुनकर उसने पुणे के एक प्रतिष्ठित कॉलेज में एमबीए में एडमिशन ले लिया। जैसे-तैसे डिग्री पूरी करके फिर से नौकरी की तैयारी शुरू कर दी। उसे यही पता था कि पढ़ाई का उद्देश्य नौकरी ही होती है, इसलिए वह हर कोर्स के बाद नौकरी ही तलाशता था। फिर भी उसको सफलता नहीं मिल पाई। उसने कहीं से सुना कि आजकल खुद का व्यवसाय किया जाना चाहिए। इसके लिए भी उसने काफी प्रयास किए पर बात न बनी, क्योंकि घर के लोग पैसा खर्च नहीं करना चाहते थे, और ऐसा कोई बिजनेस वह नहीं करना चाहता था जिसमें कम लागत में धीरे-धीरे ग्रोथ हो। वह एक झटके में लाभ चाहता था।

आखिर में जब उसे कुछ समझ न आया तो उसने एक पार्टी जॉइन कर राजनीति शुरू कर दी। उसका मानना था कि हम जैसे युवा जब तक राजनीति में नहीं आएँगे तब तक बदलाव संभव नहीं है। हालाँकि उसके चाचा जो पहले से राजनीति में थे वह उसे समझाते थे कि राजनीति नौकरी से भी कठिन है। उनका मानना था कि नौकरी में तो सिर्फ तार्किकता के आधार पर ही आगे बढ़ा जा सकता है जबकि राजनीति के लिए व्यावहारिक होना जरूरी है। साथ में वह यह भी जोड़ देते, "आजकल की पढ़ाई इंजीनियर भले ही बना दे लेकिन व्यावहारिक रूप से मिस्त्री भी नहीं बन पाते।" आखिर धीरे-धीरे वह राजनीति में पैर पसारने लगा। पढ़ा-लिखा था तो कई नेताओं ने साथ लगा लिया। इसके

साथ-साथ उनकी पुश्तैनी जमीन थी जिसका खेती का काम भी ठेके से कराने लगा।

उस गाँव के पटवारी का नाम बंशी लाल था जो गाँव से दूर जिला मुख्यालय पर रहता था। सप्ताह में एक दिन शुक्रवार को ही वह तहसील मुख्यालय पर आता था। उसकी भी आने की वजह थी कि उस दिन एसडीएम साहब भी आते थे तो सभी को आना पड़ता था। जिस दिन यह भनक लग जाती कि आज साहब नहीं आएँगे तो पूरे आसार होते कि वह भी न आए। हालाँकि ऐसा नहीं है कि बड़े अधिकारियों को इस सबकी जानकारी नहीं थी, जिला मुख्यालय पर कुछ ऐसे काम थे जिनमें उनका उपयोग किया जाता था, जैसे रिकॉर्ड के डिजिटल करने के लिए पटवारी का उपयोग किया जाता था तो उसी में बंशी लाल की भी ड्यूटी थी। पहले उसकी जगह एक ऐसे पटवारी की ड्यूटी लगाई गई थी जो तहसील मुख्यालय पर रहता था ताकि उसे रोज आना पड़े। फिर उसने साहब से गुजारिश की कि, उसे परेशान होना पड़ता है। उसी समय बंशी लाल ने भी गुजारिश की कि उसे यहाँ न आने पड़े तो जिले में उसे भेज दिया जाए। इस बात पर साहब ने दुनिया भर का ज्ञान पेला और कहा, "तुम लोग काम करना ही नहीं चाहते, हम 24 घंटे के नौकर हैं," फिर अपने रीडर की तरफ भेजकर कह दिया, "जाओ उसे आवेदन दे दो।" आखिर रीडर ने दोनों को बताया कि 30-30 हजार का खर्चा आएगा। इस प्रकार दोनों 30 हजार रुपए खर्च कर वापस सही जगह पहुँचे। वैसे रीडर चाहता तो पहले ही इस प्रकार कर सकता था, लेकिन उसी ने साहब को सलाह दी थी कि यह तरीका अच्छा है जिससे घर बैठे पैसे मिलेंगे और एहसान अलग रहेगा। साथ ही उसने आदेश में उल्लेख किया कि यह वैकल्पिक व्यवस्था है ताकि दोनों पटवारी इसे परमानेंट समझकर मनमानी न करने लगें, आखिर छोटे कर्मचारियों पर लगाम लगाकर रखी जाती है।

इस तरह पैसे देने के बाद बंशी लाल पहली बार तहसील आया था। वह जानता था कि पैसे तो जनता से ही वसूलने हैं। पर जो सीधे जनता से रिश्वत लेता है, उसे सतर्क रहना पड़ता है और व्यावहारिक भी,

अन्यथा पकड़ा भी जा सकता है। बदनामी भी होगी और नौकरी से भी हाथ धोने पड़ेंगे, सबसे ज्यादा रिस्क यहीं पर है।

उसी दिन जनमेजय पटवारी के पास गया और बोला, "लालाजी, मेरी जमीन का सीमांकन कराना है।"

"हो जाएगा सीमांकन, बताओ कौन-सी वाली जगह का करवाना है?" जनमेजय बड़ी जमीन वाला किसान था, साथ ही वह जागरूक भी था। यह बात पटवारी भली-भाँति जानता था, इसलिए वह उसी तरीके से दोबारा फिर बोला, "कौन-सी वाली नेताजी, पहली वाली या नदी पार वाली?"

"नदी पार वाली जमीन का करना है, उसी में कुछ विवाद हो रहा है। पिछले कुछ सालों में 3 बिस्वा कम हो गई जमीन ऐसा लगता है।" जनमेजय ने बताया।

"उस पर जाने में दिक्कत आती है, वहाँ पर गिरदावर साहब को भी बुलाना पड़ेगा। बाइक तो जा ही नहीं पाती, नदी से आगे बैलगाड़ी की व्यवस्था करनी पड़ेगी, तो टाइम लगेगा।"

किसान पढ़ा-लिखा भी था और जागरूक भी, समझ गया कि लालाजी सेवा-पानी की इच्छा कर रहे हैं। वह बोला, "नहीं लालाजी, मिलने की कुछ उम्मीद मत करना, सीमांकन तो करना पड़ेगा जी समझ लेना।"

लालाजी समझ गए और बोले, "नहीं-नहीं ऐसा कुछ नहीं है, आप आवेदन लगा दो, सीमांकन तो वैसे भी गिरदावर साहब (राजस्व निरीक्षक) करते हैं, वो जब कहेंगे मैं उनके साथ आ जाऊँगा।" किसान को नियम के हिसाब से बात समझ आ गई, क्योंकि वह पढ़ा-लिखा था, यदि आम किसान होता तो बिना नियम के भी समझ सकता था।

किसान ने तहसील पहुँचकर जानकारी जुटाई तो पता चला कि तहसील में पदस्थ तहसीलदार के रीडर के यहाँ आवेदन जमा किया जाता है।

जनमेजय खोजबीन कर बाबूजी के पास जा पहुँचा। बाबूजी अपने अंदाज में अपना ऑफिस जमाए हुए हैं। एक पुराने जमाने की मेज व लकड़ी की कुर्सी पर बैठे हुए हैं। उस मेज के पास वैसी ही दूसरी मेज

लगाकर उसे बड़ा कर दिया गया है। दोनों के ऊपर एक कत्थई रंग की चादर बिछा रखी है, जिसके एक तरफ कई प्रकार की गैर जरूरी फाइलें रखी हैं, दूसरी तरफ पटवारी व ग्राम पंचायात सचिव की नंबर सहित लिस्ट लगा रखी है, जिसे एक छोटे-से शीशे से ढका हुआ है। शेष अन्य महत्वपूर्ण दस्तावेज बाबूजी की कुर्सी के पीछे रखी अलमारी में हैं जिसे लॉक करने के बाद चेन से बाँधकर अलग से लॉक करना पड़ता है क्योंकि उसके दरवाजे ज्यादा जोर लगाने पर अलग हो जाते हैं।

इन मेजों को पास के स्कूल से जबरदस्ती मँगवाया था। एक अलमारी किसी अन्य स्कूल से जबरन मँगवाई गई थी तो दूसरी नगर पंचायत की थी। साथ ही किसी आम आदमी द्वारा एक टेंट वाले की शिकायत पर उसे बिना कार्यवाही के छोड़ा गया और बदले में पाँच कुर्सियाँ मँगवा ली गई थीं, जो जनता के या पटवारियों के बैठने के काम आती थीं।

एक अलमारी पर राज्य शासन का सात साल पुराना कैलेंडर लगा हुआ था। पूछने पर बताते थे कि उसके बाद सरकार ने दिया नहीं, और वैसे भी कुछ सालों बाद एक ही कैलेंडर रिपीट होता है, यह भी बाबूजी कहा करते थे।

बाबूजी की नजर बड़ी तेज थी। वह व्यक्ति के हावभाव देखकर समझ जाते कि यह रिश्वत देगा या नहीं, या देगा तो कितनी देर बाद देगा या यह शिकायत करेगा तो कहाँ करेगा। कभी-कभी व्यक्ति से बात करने पर थोड़ा-बहुत नजरिया बदल भी लेते थे। उनका कहना था कि कुछ व्यक्ति दिखने में बेवकूफ या पढ़े-लिखे लगते हैं लेकिन वास्तविकता में वो व्यावहारिक होते हैं।

उनका मानना था कि पढ़ा-लिखा व्यक्ति निहायत ही बेवकूफ होता है। उसका काम हमेशा नियम की वजह से देर से होता है और सरकार द्वारा निर्धारित कार्य दिवस के अंतिम दिन पर शाम के 4 बजे तक हो पाता है। जबकि जो पढ़ा-लिखा नहीं है या जो समझदार है उसका काम एक दिन में भी हो सकता है। वह व्यक्ति समझदार इसलिए है क्योंकि उसे समय का महत्व पता है, वह जानता है कि समय की कीमत, दी गई रिश्वत से कई गुना ज्यादा है। साथ ही वह कार्यालय में अपनी साख

मजबूत कर लेता है जिससे उसके कई काम फोन पर भी हो जाते हैं। इसके अलावा ऐसे लोगों के लिए ऑफिस हमेशा खुला रहता है, जबकि नियम वालों के लिए फिक्स 6 घंटे का ही समय रहता है।

उसी समय जनमेजय तहसील में जा पहुँचा। जींस और कुर्ता पहने हुए था तो दूर से ही बाबूजी ने समझ लिया यह पढ़ा-लिखा मूर्ख है। वह उसे इगनोर कर सामने पड़ी गैर जरूरी फाइल को खोलकर बैठ गए, और चश्मा ऊपर खिसकाकर उसे गहराई से पढ़ने का ढोंग करने लगे।

जनमेजय जाकर उनके सामने की एक कुर्सी पर बैठ गया और कहने लगा, "बाबूजी सीमांकन कराना है।"

बाबूजी मुँह उठाकर उसकी ओर देखते हैं और कहते हैं, "बहुत बढ़िया, कराओ, कराना ही चाहिए।"

"अरे नहीं आपसे करवाना है।"

बाबूजी मुस्कराकर चपरासी को देखकर बोले, "भगवत, हम कब से करने लगे सीमांकन?" यह सुनकर वह जनमेजय से बोलता है, "नेताजी, वो तो पटवारी और गिरदावर का काम है, बाबूजी थोड़ी करेंगे।"

यह कहने के बाद चपरासी मुस्करा गया। सरकारी कार्यालयों के चपरासी भी अलग तरीके से ट्रेंड हो जाते हैं, उन्हें पता होता है किससे क्या बोलना है, या बाबूजी क्या बुलवाना चाह रहे हैं।

उसने जनमेजय की तरफ देखकर फिर से कहा, "नेताजी, सीमांकन तो पटवारी या आरआई साहब करेंगे, ये थोड़े ही करेंगे।"

जनमेजय बोला, "वो तो मुझे भी पता है, यह नहीं करेंगे, मुझे ज्यादा मत सिखाओ, मैं तो आवेदन जमा करने आया हूँ बस।"

"अच्छा तो ऐसे बोलो न, लाओ आवेदन दे दो।" बाबूजी बोल पड़े।

"आवेदन कहाँ मिलेगा?" जनमेजय ने पूछा।

"उसकी हमें क्या जानकारी, हम तो बस अपना काम करते हैं। अब यदि हम किसी को आवेदन दे दें और बदले में कोई 10 रुपये दे दे तो नेता हमें रिश्वतखोर घोषित कर देते हैं, इसलिए अब हम आवेदन नहीं रखते।" बाबूजी जानते थे कि जनमेजय किस प्रकार का व्यक्ति है, वह उसी प्रकार का जवाब दे रहे थे। फिर आगे बोले, "हमें कोई फ्री में तो

मिलता नहीं है, हम खुद खरीद के लाते थे पहले। एक नेताजी हमारी शिकायत करके जनता का नुकसान करा गए।" उन्होंने अप्रत्यक्ष रूप से नेताओं पर कमेंट भी कर दिया।

"तो फिर कहाँ मिलेगा आवेदन?" जनमेजय ने फिर पूछा। बाबूजी बिना उसका जवाब दिए रजिस्टर देखते रहे।

यह सुनकर चपरासी फिर बोल उठा, "नेताजी, यहाँ किसी भी वकील से मिल लो, वो आवेदन बना देंगे।"

यह सुनकर जनमेजय तहसील कार्यालय के बाहर चला गया।

उसके जाते ही बाबूजी बड़बड़ाने लगे, "वकीलों को तो हजारों फीस दे देंगे और परेशान होंगे, हमें 100 रुपए देने में भी कष्ट होता है।"

जनमेजय ने बाहर देखा, नीम के पेड़ के नीचे 15-20 वकील बैठे हुए हैं। सब अपने-अपने घर से एक-एक मेज और कुर्सी लेकर आए हैं, जिन्हें चेन से बाँधकर पेड़ से चिपकाकर रख जाते हैं।

जनमेजय उनमें से एक वकील के पास जाकर बोला, "वकील साहब, सीमांकन का आवेदन चाहिए।"

"मिल जाएगा, 100 रुपये लगेंगे।" वकील ने आँखें ऊपर कर देखते हुए जवाब दिया और सामने आवेदन निकालकर रख दिया।

"यह तो मात्र 3 पेज का आवेदन है, इसके 100 रुपये?" आवेदन देखकर जनमेजय बोला।

"अरे इसमें कुल 5 पेज हैं दोनों ओर से। 50 रुपये का तो प्रिंट ही निकलता है। फिर हम भरेंगे भी तो।" वकील ने आगे काम मिलने की उम्मीद से जवाब दिया।

जनमेजय बोला, "वो तो मैं खुद भर लूँगा।"

यह सुनकर वकील ने जनमेजय को गौर से देखा और बोला, "तो एक काम करो, सामने गुंजन फोटोकॉपी की दुकान है, उससे ले लो सिर्फ 10 रुपये में मिल जाएगा।"

वकील को भी पढ़े-लिखे लोग पसंद नहीं आते। उसे ज्ञान देने वाले और कानून सिखाने वाले अच्छे नहीं लगते। कई साल यही तो किया है उसने। जनमेजय के जाते ही बोला, "हर आदमी वकील बन रहा है आजकल।" यह सुन सभी वकील हँसने लगे।

जनमेजय आवेदन लेकर उसे पलटने लगा। उसमें कई ऑप्शन ऐसे थे जो उसे समझ नहीं आ रहे थे, जैसे चालान नंबर, खतौनी बार आसामी, कुल नंबर, राजस्व वृत्त आदि। वह आवेदन लेकर फिर से बाबूजी के पास जा पहुँचा, बाबूजी को आवेदन दिया। आवेदन देखकर बाबूजी कहने लगे, “यह तो भरा ही नहीं है पूरा, भरेगा कौन, चालान भी नहीं है इसमें।”

जनमेजय बोला, “वो आप मदद कर दो, क्या-क्या भरना है मुझे समझ नहीं आया।”

“इसी के लिए थोड़ी बैठे हैं हम, किसी वकील से भरवा लो। कुछ खर्चा करो, सब काम फ्री में नहीं होता।” यह कहते हुए बाबूजी ने आवेदन वापस कर दिया। जनमेजय बाहर चला गया।

आम आदमी भी सरकारी कर्मचारी का सम्मान इसी वजह से करता है कि उसे परेशान किए जाने की संभावना रहती है, अन्यथा यदि आम आदमी का सरकारी कार्यालय से कोई वास्ता न हो तो वह सरकारी कर्मचारियों कुछ समझता ही नहीं। उसके जाते ही बाबूजी अपने चपरासी से कहने लगे, “वकील को 100 रुपये दे देंगे लेकिन हमें 20 रुपये देने में नियम याद आने लगते हैं। इसी बात में तो मूर्ख हैं ये, अपना हानि-लाभ नहीं समझते।”

आखिर वकील को 100 रुपये देकर आवेदन भरवाया गया। उसके बाद वकील ने कहा, “इसमें नक्शा और खसरा खतौनी की लेटेस्ट प्रति लगेगी, साथ ही बैंक में जाकर एक चालान जमा करना पड़ेगा, जो उसी फोटोकॉपी की दुकान पर मिल जाएगा। खसरा और खतौनी व नक्शा पास में बने नगर सेवा केंद्र पर मिल जाएगा।” यह सुनकर जनमेजय जाने लगा। तब वकील ने फिर कहा, “यदि अर्जेंट हो तो उसे 500 रुपये दे देना, शाम तक मिल जाएगा, अन्यथा 7 कार्य दिवस मतलब 10 दिन में मिलेगा।”

“कोई बात नहीं, मैं 10 दिन में ले लूँगा।” यह कहकर जनमेजय चला गया। लगभग 10 दिन बाद आवेदन पूरा तैयार कर बाबूजी को जमा कर आया।

उसके जाने के बाद बाबूजी फिर कहने लगे, “यदि यह समझदार होता तो यही काम एक दिन में हो सकता था, लेकिन ये साहब समझदार नहीं पढ़े-लिखे हैं।”

उस आवेदन के बाद लगभग 10 दिन इंतजार किया, लेकिन कोई नहीं आया। आखिर जनमेजय हिम्मत हारकर फिर से तहसील पहुँचा। बाबूजी ने ऐसे देखा जैसे जानते ही न हों।

उसने जब पूरी बात बताई तो बाबूजी कहने लगे, “अच्छा अब तक नहीं हुआ। पटवारी अपनी मर्जी के मालिक हैं, उन्हें क्या मतलब किसानों पर क्या गुजर रही है।” उस पटवारी बंशी लाल से बाबूजी चिढ़े हुए थे क्योंकि जो 30 हजार उसने खर्च किए थे उसमें बाबूजी का हिस्सा नहीं दिया था। कायदे से तीन हजार उन्हें भी मिलने थे, आखिर इस तहसील के बाबू तो वही हैं।

जब भी कोई उसके गाँव का किसान आता तो उसे भड़काते रहते और पटवारी की लिखित में शिकायत करने की सलाह देते। लेकिन अधिकतर किसान समझदार होते हैं तो वे शिकायत नहीं करते, क्योंकि वे भी जानते हैं शिकायत का मतलब किसान से ज्यादा वसूली।

बाबू की बात सुनकर जनमेजय सीधा पटवारी के पास जा पहुँचा। वह पहले से गुस्से में था। हालाँकि कोई भी किसान पटवारी से आर-पार की लड़ाई नहीं चाहता और हमेशा प्यार से ही पेश आता है, उसने भी पटवारी के पास जाकर कहा, “आवेदन कर दिया था फिर भी आप आए नहीं लालाजी?”

“कहाँ नहीं आए नेताजी, कोई पार्टी रखी थी क्या?” पटवारी ने ऐसे जवाब दिया जैसे कुछ पता ही न हो।

“अरे नहीं लालाजी वो सीमांकन की बात हुई थी आपसे, आपने कहा था तो उसी का आवेदन कर दिया। तब से 30 दिन से ज्यादा समय हो गया, और आवेदन को भी 10 दिन से ज्यादा हो गए हैं।” यह कहते-कहते जनमेजय ने सोचा, हो सकता है पटवारी को सच में याद न हो।

पटवारी ने तपाक से कहा, “मुझे तो अभी तक आवेदन की कोई जानकारी नहीं मिली, और वैसे भी सीमांकन का काम तो गिरदावर साहब का है, उन्हीं से पता करो।”

यह सुन जनमेजय तमतमाता हुआ गिरदावर साहब के कमरे पर जा पहुँचा। वह उनसे सीमांकन करने और पटवारी द्वारा परेशान करने की बात कहने लगा।

गिरदावर या राजस्व निरीक्षक पटवारी से ज्यादा समझदार होते हैं। उनका किसी को भी डील करने का अपना तरीका होता है, उन्हें पता है सीमांकन उनके बिना होना नहीं है, फिर भी वे अपने ऊपर इल्जाम नहीं लेते। गिरदावर ने कहा, "पटवारी बदमाश है, यह नया लड़का आया है, इसे आदमी की परख नहीं है। आप सीधे मेरे पास आ जाते तो मैं करवा देता।" यह सुन किसान शांत हुआ और कहने लगा, "अब बताओ क्या करें?"

"अब अगले सीजन पर कर देंगे, कल से मैं बाहर जा रहा हूँ, जरा सात दिन के लिए।" यह कहते हुए गिरदावर ने उसे टालना चाहा।

यह सुन जनमेजय का पारा फिर चढ़ गया, वह सीधा तहसीलदार के पास जा पहुँचा। तहसील में पहुँचकर वह पटवारी और राजस्व निरीक्षक सहित तहसीलदार की भी शिकायत करने की धमकी देने लगा। वह समझ गया कि बिना नेतागीरी दिखाए पटवारी और तहसील के लोग मानेंगे नहीं।

तहसीलदार मामले की गंभीरता को समझते हुए जनमेजय को समझाते हैं और पटवारी को फोन लगते हैं।

बात करने पर पटवारी राजस्व निरीक्षक द्वारा न बताए जाने की बात कहता है, इस पर तहसीलदार गुस्से में राजस्व निरीक्षक को फोन लगाते हैं और तुरंत ऑफिस पहुँचने को कहते हैं।

थोड़ी देर में राजस्व निरीक्षक और पटवारी दोनों उपस्थित हो जाते हैं। तहसीलदार उनसे सीमांकन न होने का कारण पूछते हैं तो राजस्व निरीक्षक कहता है, "साहब, अब तो बरसात होने लगी, और फसल बोने का समय भी आ गया, अब तो इस सीजन में सीमांकन हो ही नहीं सकता। मैंने इनसे कह भी दिया अगले सीजन में आपका सबसे पहले कर देंगे।"

साथ ही पटवारी ने भी यही बात दोहराई कि "फसल बोने के बाद तो अब कर नहीं सकते, और यदि कोशिश भी की तो इनका पड़ोसी

भगवान राम शिकायतबाजी करेगा, वो बहुत दंदी-फंदी आदमी है। वैसे भी उसकी कुछ जमीन इनके खेत में निकल सकती है तो इनसे लड़ाई भी होगी।" यह कहकर पटवारी ने मानसिक रूप से किसान को डराने का प्रयास किया। लेकिन जनमेजय जानता था कि ऐसा नहीं है, उल्टे उसी की जमीन कम है। उसने तहसीलदार से फिर कहा, "साहब, यह झूठ बोल रहा है ऐसा कुछ नहीं है।" लेकिन तहसीलदार ने पटवारी और राजस्व निरीक्षक का ही समर्थन कर इस सीजन में सीमांकन न हो पाने की बात कह दी। साथ ही राजस्व निरीक्षक ने यह भी जोड़ दिया, "साहब, 150 आवेदन पेंडिंग हैं, यदि एक का करेंगे तो सबका करना पड़ेगा।"

जनमेजय यह सब देखकर आगे जाने और पटवारी से लेकर तहसीलदार तक सभी की शिकायत करने की बात कहकर चला गया। उसके जाते ही बाबूजी बोल पड़े, "साहब, ऐसे रोज आते हैं धमकी देने वाले, कोई कहीं नहीं जाता, इन जैसे छुटभैये नेता हर गली में हैं।" बाबूजी की इच्छा थी कि शिकायत हो ही जाए, क्योंकि यह मुद्दा बाबू से संबंधित नहीं था, सो कोई भी कार्रवाई होगी तो बाबू की वैल्यू बढ़ेगी और उसे सुलझाने के दौरान कुछ न कुछ कमाने को मिलेगा।

जनमेजय को समझ में आ गया कि इन सबने पैसे न मिलने के कारण कुछ गड़बड़ कर दी है। उसने इन सबकी शिकायत आगे बड़े पैमाने पर करने की सोची। वह सक्षम भी था, उसे लगा यदि मेरी कोई सुनवाई नहीं हो रही तो आम जनता की भला क्या होगी।

नेता को एहसास तभी होता है जब उसकी सुनवाई न हो। उसने इन सबकी शिकायत करने से पहले एक मंत्री जी के पीए से बात की और एक आवेदन बनाकर कलेक्टर के पास जा पहुँचा। उसने कलेक्टर को एक बड़े नेता से फोन भी लगवा दिया था। कलेक्टर साहब ने सम्मान से मुलाकात की और आवेदन पर तुरंत एसडीएम को मार्क कर लिख दिया, 'इस पर तत्काल नियमानुसार कार्रवाई करें और इस कार्यालय को सूचित करें।' साथ ही उसे फोन पर सूचित करने को भी कह दिया। उन्होंने जनमेजय को एसडीएम साहब के पास भेज दिया। एसडीएम साहब के पास पहुँचकर उसने पूरी बात बताई और आवेदन दिखाया। उन्होंने भी

उस आवेदन को तहसीलदार को मार्क करके आगे भेज दिया और कह दिया, "चिंता मत करो, सबको देखता हूँ।"

एसडीएम तक या उससे ऊपर तक सिर्फ कागज ही चलते हैं और बातों में ही समाधान होता है या समाधान होता हुआ दिखता है, उनसे नीचे जमीन पर काम होता है और समाधान वास्तविकता में होता है।

जनमेजय फिर नई उम्मीद और नेतागीरी के साथ तहसीलदार के पास जा पहुँचा।

तहसीलदार ने फिर उस आवेदन को आगे मार्क किया और राजस्व निरीक्षक एवं पटवारी को बुलाकर सीमांकन करने को कहा।

पटवारी फिर बोला, "फसल बोने के बाद नहीं हो नहीं सकता, सीमांकन का समय तो निकल ही गया अब।"

यह सुन बाबू बीच में बोल पड़ा, "बेचारे किसान को परेशान मत करो, उसका सीमांकन कर दो।" और दबी आवाज में पटवारी की बुराई करने और उसके मनमानी करने की कहने लगा। यह सुन पटवारी बोला, "आप कर दो बाबूजी ऐसी बात है तो, वहाँ लट्ठ चलेंगे इस टाइम करेंगे तो, वैसे भी भू राजस्व संहिता के हिसाब से भी अभी नहीं कर सकते।"

तहसीलदार ने लिखित में उनका जवाब ले लिया, जिसमें दोनों ने नियम के कारण अभी न कर पाने कि बात दोहराई। चूँकि अधिकारी हमेशा यही लिखते हैं कि नियमानुसार कार्यवाही कर सूचित करें, इसका एक कारण यही है कि कई अधिकारियों को यही नहीं पता होता कि क्या नियम है वे अन्यथा डायरेक्ट वह नियम लिख सकते थे। दूसरी बात, अधिकारी अपने अधीनस्थों को कोई डायरेक्ट इन्सट्रक्शन न देकर उनके ऊपर छोड़ देते हैं, क्योंकि कई नियम हैं, जो जैसा लगे वैसा कर लें। उसके आधार पर तहसीलदार ने एसडीम साहब को फोन करके बता दिया, और एसडीएम साहब ने कलेक्टर साहब को और कलेक्टर साहब ने नेता जी को बता दिया कि अभी तो फसल खड़ी हुई है तो हो ही नहीं सकता, साथ में ला एंड ऑर्डर का भी हवाला दे दिया। अंत में उन नेताजी ने भी जनमेजय को समझा दिया कि "आगे कर देंगे" और यह भी कह

दिया कि “इन सब अधिकारियों का ट्रान्सफर करवाते हैं, तुम चिंता मत करो।”

और आखिर में किसान घर वापस पहुँच गया। उसका चेहरा उतरा हुआ था, वह अब सबसे हार चुका था। हालाँकि उसने हार नहीं मानी थी, पर अब उसे कोई रास्ता नहीं दिख रहा था। उस दिन घर जाकर उसने अपने पिताज़ी को पूरी बात बताई।

जनमेजय के पिताजी एक समझदार किसान थे, यह सब सुनकर उन्होंने उसे समझाया कि “कहाँ चक्कर में पड़ रहा है, कलेक्टर के पास जाने की जरूरत ही क्या थी, कोई बंदूक का लाइसेन्स तो बनवाना नहीं है। तीतर को मारने के लिए गुलेल चलाते हैं, तोप नहीं।” जनमेजय के पिताजी एक अनुभवी किसान थे, उन्होंने आजकल के हिसाब की पढ़ाई तो नहीं की थी, लेकिन जीवन की पढ़ाई कई गुना ज्यादा की थी। उन्होंने गाँव के सचिव को फोन कर घर बुलवाया, उससे कहा कि अपने स्तर पर पटवारी से बात करे और जो वो चाहे उस हिसाब से उसे तैयार कर ले।

उनकी बात समझकर सचिव ने पटवारी को कॉल किया और सीमांकन करने को कहा। चूँकि वह अपने बेटे को दुखी नहीं देखना चाहते थे इसलिए कोई न कोई रास्ता खोज रहे थे।

पटवारी ने सचिव से कहा कि, “हम लिखित में तहसीलदार साहब को मना कर चुके हैं इसलिए अब संभव नहीं है।” इस पर सचिव ने पटवारी से कहा, “लालाजी आपका खर्चा वसूल हो जाएगा, आप जो कहोगे वो कर देंगे, आप बस कोई रास्ता निकाल दो।” यह सुनकर पटवारी ने कहा, “ठीक है एक काम करते हैं, मैं गिरदावर साहब से कहकर सीमांकन करे देता हूँ और उसकी रिपोर्ट जमा नहीं करेंगे, तो किसी को पता भी नहीं चलेगा।” सचिव ने कहा, “ठीक है जैसे आप सही समझो, आपको कमी नहीं पड़ने देंगे।”

अगले दिन ही गिरदावर साहब और पटवारी मौके पर आ गए और उन्होंने विधिवत सीमांकन भी किया। साथ ही जाते-जाते नेताजी से कह गए, “आप रिपोर्ट भी ले लेना। आगे से कोई काम हो तो आप हमें याद कर लिया करो, हम आपके लिए ही हैं।”

यह सुनकर जनमेजय के मन में जिज्ञासा हुई। उसने पूछा, “आप तहसीलदार साहब को लिखित में मना कर चुके थे, फिर अब क्या कहोगे?” यह सुन पटवारी बोला, “कह देंगे कलेक्टर साहब के यहाँ से फोन आया था उन्होंने अलग से इन्सट्रक्शन दिए हैं।”

यह सुन सभी हँसने लगे। उनके जाने के बाद सचिव ने कहा, “कर्मचारी का अपना एक ईगो होता है, उससे जबरदस्ती काम नहीं करा सकते। यदि आप लड़ोगे तो वह नियम से ही चलेगा, और यदि आपकी सही ट्यूनिंग रहेगी तो काम भी होगा और समय से पहले भी होगा। यह ट्यूनिंग सिर्फ पैसा नहीं होती, कई और तरह से भी होता है जैसे सम्मान या उनकी मदद भी होती है। कर्मचारी किसी का गुलाम नहीं होता, उसे भी वैसा ही सम्मान चाहिए जैसे नेताजी को।”

इसके बाद जनमेजय के पिताजी ने भी समझाया कि “जीवन में सफलता के लिए व्यावहारिक होना ज्यादा जरूरी है, अन्यथा आपका काम होगा तो जरूर लेकिन आपकी पूरी ऊर्जा उसे कराने में ही खत्म हो जाएगी। इसलिए जो काम दो कौड़ी खर्च करके हो सके और हमारे लिए उसके बदले कुछ समय का भी सृजन हो सके तो यह हमारे लाभ का ही सौदा है।”

जनमेजय को सब समझ आ गया। जो बात वह लाखों रुपए खर्च करके एमबीए में नहीं सीख पाया था, वह उसे गाँव की एक घटना ने सिखा दिया।

# डिग्री या ज्ञान

डॉक्टर रूपेश ने हाल ही में एमबीबीएस करके मेडिकल ऑफिसर के रूप में जॉइन किया था। उनकी पोस्टिंग उत्तर प्रदेश में नेपाल बॉर्डर के नजदीकी जिले में एक तहसील मुख्यालय पर की गई थी। वो बहुत खुश थे। बचपन से ही इच्छा थी कि समाज को कुछ लौटा सकूँ, इसीलिए गाँव की पोस्टिंग पर एतराज नहीं किया, अन्यथा पैसे देकर पोस्टिंग जिला या संभाग पर भी ले सकते थे, जैसा उनके अन्य साथियों ने किया था। उनके सभी साथी कहते थे कि 50 लाख रुपए खर्च करके पढ़ाई की है। अब यदि गाँव में ही रहना है तो मास्टर बनकर ही रह लेते, डॉक्टर बनने की क्या जरूरत थी। लेकिन रूपेश ने यह नहीं सोचा। जॉइनिंग आदेश के तहत अब उनके नाम के आगे मेडिकल ऑफिसर लग चुका था- डॉ. रूपेश कुमार, मेडिकल ऑफिसर।

बारहवीं के बाद तीन साल पीएमटी की तैयारी की, फिर छह साल में डिग्री। उसके बाद पीएससी देकर यहाँ तक पहुँचे थे। इन सबमें उम्र 30 पहुँच चुकी थी। इस दौड़-भाग में शादी का ख्याल ही नहीं रहा। वैसे भी क्या जल्दी है, सरकारी नौकरी में हैं तो घरवालों को भी चिंता नहीं थी। अब तो 40 में भी एक से एक रिश्ते मिल जाएँगे। रूपेश का भी मानना था कि जॉब पहली प्राथमिकता होनी चाहिए, शादी या कुछ और उसके बाद।

रिश्ते की बात करने पर उनके पिताजी अक्सर कहा करते थे, "वैसे भी किसान 30 साल में चिंता के बोझ से बूढ़ा हो जाता है, जबकि कर्मचारी 40 तक भी नहीं होता।" अब तक उन्हें मन माफिक खरीदार नहीं मिला था इसलिए वो भी जिद नहीं कर रहे थे। उन्हें पता था हर साल 5 लाख बढ़ रहे हैं। हालाँकि वह इसे दहेज नहीं मानते थे। एक बार जब रूपेश ने उनसे भला-बुरा कहने की कोशिश की तो वह समझकार बोले, "यह दहेज नहीं होता, अधिकतर पिता अपनी बेटी का हिस्सा उसे देना नहीं चाहते और उसके साथ नाइंसाफी करते हैं, इसलिए यह रकम उस

हिस्से का कुछ हिस्सा है। वैसे तो उन्हें आधी संपत्ति बेटी के नाम करनी चाहिए, पर वे लड़कों के नाम कर देते हैं। शादी पर दिए जाने वाले उपहारों के जरिए एक पिता कुछ हिस्सा बेटी को देना चाहता है, और परंपरा व समाज के नियमों के कारण बेटा उसका विरोध भी नहीं कर पाता या वह भी इसे स्वीकार करता है, बस इससे ज्यादा कुछ नहीं है दहेज।"

"अच्छा! तो इतने केस किसलिए हो रहे हैं समाज में?" रूपेश ने प्रतिप्रश्न किया।

"केस के कई कारण हैं। एक तो कई लोग गँवार होते हैं, जो बहू व उसके मायके वालों को परेशान करके दहेज माँगते हैं। हम ऐसा नहीं कर रहे। दूसरा, जब लड़की से उसके ससुराल वाले यह कहते हैं कि तुम अपना हिस्सा अपने पिता जी से ले लो तो वह भी इसे गलत मानती है और बहू व उसकी भाभी दोनों इसे दहेज का रूप दे देती हैं। तीसरा, जब मायके वाले अपनी बेटी को अपनी संपत्ति का हिस्सा देते हैं तो उनकी बहू विरोध करती है। इस प्रकार सभी तरफ से समस्याएँ हैं, इनका हमने ठेका नहीं ले रखा।" यह कहते हुए रूपेश के पिताजी ने बड़ा मनोवैज्ञानिक ज्ञान दे डाला। ऐसा शास्त्रार्थ बाप-बेटे के बीच अक्सर होता रहता था।

वैसे भी कहा जाता है कि मेडिकल में सिर्फ एमबीबीएस से कुछ नहीं होता, जब तक परास्नातक, एमडी या एमएस न कर लो अच्छी जगह पोस्टिंग और इनकम नहीं होती। ऐसा नहीं था कि डॉक्टर रूपेश ने कोशिश नहीं की थी, कोशिश तो कर ही रहे थे, पर एंट्रेंस में सफलता नहीं मिली। आखिर उन्होंने जो हो रहा है उसी को व अपने को जस्टिफाई करते हुए यह तय किया कि समाज सेवा की जाए, वो भी ग्रामीण क्षेत्र में जहाँ कोई आने को तैयार नहीं होता। यह बहुत ही पुण्य का काम है, इसलिए वो भी पूरे मन से आ गए। और फिर यह भी सोचते थे कि प्रैक्टिस होती रहेगी, एंट्रेंस तो आगे भी दे सकते हैं।

धीरे-धीरे रूपेश अपने रुटीन में रमने लगे। अपने पुराने डॉक्टर साथियों, जो वहाँ वर्षों से पदस्थ थे, के साथ मिलकर प्रैक्टिस शुरू कर दी। तहसील या ग्रामीण स्तर पर नए डॉक्टर की पोस्टिंग होने या एक डॉक्टर बढ़ने पर पुराना डॉक्टर अपना पीछा छुड़ाने लगता है और अपना

ट्रान्सफर करा लेता है। ऐसा अब तक इसलिए नहीं हुआ था कि वहाँ कोई और नहीं था। हालाँकि बड़ी रकम या बड़ा अप्रोच इस लॉजिक को तोड़ सकता है लेकिन यह हर किसी के बस की बात नहीं।

एक दिन रूपेश ने अपने साथियों से आगे परास्नातक करने का जिक्र कर दिया तो एक साथी ने कहा, "इस फील्ड में पढ़ाई से ज्यादा प्रैक्टिस का महत्व है, इसलिए गली-मोहल्ले के डॉक्टर भी कई बार हमसे ज्यादा जानने लगते हैं, क्योंकि वो डिग्री पर समय बर्बाद नहीं करते।" इस विषय पर डॉक्टर रूपेश खुद भी बहुत चिंतन करते थे पर वह इसके खिलाफ थे। उन्होंने कहा, "ऐसा न कहो डॉक साहब, इन झोला छाप डॉक्टरों की वजह से देश में स्वास्थ्य व्यवस्था का खराब हाल है।"

"अरे नहीं रूपेश भाई, आप अभी पढ़कर आए हैं तो आपको वास्तविकता का पता नहीं है। सच तो यह है कि यदि ये डॉक्टर न हों तो हमारे देश की व्यवस्था दो दिन में फेल हो जाए। हम छह घंटे में कितने मरीज देख सकते हैं? सच तो यह है कि हम 24 घंटे भी मरीज देखें तो एक तहसील के लोगों को नहीं देख सकते, यकीन न हो तो करके देख लो।"

आखिर उस दिन जोश-जोश में रूपेश ने कहा, "हाँ, मैं कर के दिखा सकता हूँ।" आखिर उनके वरिष्ठ अधिकारी ब्लॉक मेडिकल ऑफिसर को यह अच्छा समय मिल गया अपने को मुक्त करने का। उन्होंने रूपेश की सहमति से जिला मुख्यालय से उसे ब्लॉक मेडिकल ऑफिसर नियुक्त करने का ऑर्डर जारी करवा दिया। और उन्हें अपने अस्पताल की 12 साल पुरानी गाड़ी भी सौंप दी।

अक्सर देखा जाता हैं जब अनुभव की जरूरत होती है उसी समय ज्ञान अनुभव पर ज्यादा हावी होता है। यही कुछ डॉक्टर साहब के साथ भी हुआ। उन्होंने अगले दिन से ही क्षेत्र में जाकर झोला छाप डॉक्टरों पर छापामार कार्रवाई करने की सोची और तहसीलदार व इंस्पेक्टर को इन्फॉर्म कर दिया। यह खबर तुरंत आसपास फैल गई और लोग क्लीनिक बंद करके भाग गए। अगले दिन जैसे ही अस्पताल पहुँचे तो देखा मरीजों की लाइन लगी हुई है। पहले उन्हें देखने के लिए बैठ गए।

चार--पाँच मरीज देखे ही थे कि एक बाबू फाइल लेकर आ खड़ा हुआ, "साहब साइन करने हैं।"

"किस चीज पर? कोई मेडिकल है क्या?"

"नहीं साहब रिपोर्ट है।"

"किस चीज की?"

"पिछले महीने के जीवनांक की, मतलब वाइटल इन्फॉर्मेशन, कि पिछले महीने हॉस्पिटल में कितने जन्म और मृत्यु हुए।" बाबू ने नए अधिकारी देखकर समझाया।

"तो इसका मुझे क्या करना है?"

"ब्लॉक मेडिकल ऑफिसर आप हैं, तो आप देख लें, अब आपके साइन से ही जाएगी, हर महीने।"

"ठीक है," कहकर थोड़ा सोचा फिर साइन कर दिए।

थोड़ी देर बाद उन्होंने एक बाबू से कहा कि चलो फील्ड में चलना है। वह कहने लगा, "साहब चैक बँटने हैं 150 लोगों के, साइन नहीं हुए अब तक।"

"तो करो!"

"हम क्या करें साहब, आप के साइन होंगे।"

"मेरे साइन!" थोड़ा चौंकते हुए डॉक्टर ने कहा। उन्होंने अब तक अपने लिए चेक बुक नहीं ली थी तो दूसरों के क्या साइन करते।

"जी, और विधायक के पीए का फोन आया था कि चार लोगों के चेक वो खुद बाँटेंगे। कब बाँटेंगे, इसका टाइम वो बताएँगे, और 70 चेक जिले पर मुख्यमंत्री मेले में बँटेंगे जिसमें आपको लेकर जाना है, और उनकी बड़ी कॉपी भी बनवानी है प्रेस से।"

"तो इन सबका मुझे क्या?"

"आप ही करोगे सर यह सब, आप ब्लॉक मेडिकल ऑफिसर हो।"

कुछ देर बाद इससे फ्री हुए थे कि तहसील से फोन आया, 'एक हाथ सफाई और स्वच्छता' का अभियान है, जिसमें जाना है।

डॉक्टर रूपेश इन सबमें समय खराब नहीं करना चाहते थे। वह उर्जा से भरे हुए थे, जानते थे कि इन सबका कुछ न कुछ रास्ता खोज लेंगे। तहसील से लौटकर सीधे जिला मुख्यालय चलने का विचार किया।

इस सब में दोपहर के 3 बज चुके थे, वापस हॉस्पिटल पहुँचे तो देखा कि इस समय भी मरीजों कि लंबी लाइन लगी हुई है, जबकि अस्पताल में सुबह 9 से 1 तक ही मरीजों को देखा जाता है, उसके बाद शाम को 5 से 6। चारों तरफ कई मरीज बैठे हुए थे। कोई कह रहा था कि साहब, आज झोलाछाप डॉक्टरों पर कार्रवाई होने के कारण उन्हें बंद करना पड़ा तो पूरे मरीज अस्पताल में ही चले आए। डॉक्टर साहब खुद मरीज देखने बैठ जाते हैं।

जिस पहले मरीज को उन्होंने देखा वह 12 बजे से बैठा हुआ था। वहाँ सिर्फ 10 लोगों के बैठने की व्यवस्था है, इससे ज्यादा आने पर पूरे इंतजाम फेल हो जाते हैं। इस समय 150 से ज्यादा मरीज कैंपस में थे, पानी पीने तक की व्यवस्था न थी। दो घंटे बाद चिड़ियों के पीने के लिए रखे पानी की टंकी भी खाली हो चुकी थी, यदि बाहर पानी बेचने वाले न हों तो कई लोग प्यास के मारे ही दम तोड़ दें।

डॉक्टर रूपेश ऐसे ही कुछ देर तक मरीजों को देखते रहे, वह जो दवा पर्ची पर लिखते उसे हॉस्पिटल से ही मिलना था लेकिन मिलने का समय फिक्स था। साथ ही वह दवा तभी दी जा सकती थी जब उस मरीज का काउंटर पर रजिस्ट्रेशन हुआ हो। इस समय रजिस्ट्रेशन किसी का भी नहीं हुआ था, और उन सबको दवा भी न मिलनी थी। इस कारण उन सबने डॉक्टर की शिकायत फोन पर बड़े कार्यालय पर कर दी व उसके मेडिकल वालों से मिले होने एवं निजी समय में पैसे लेकर मरीज देखने का आरोप भी लगाया। इस पूरे क्रम में रूपेश आधे मरीज भी नहीं देख पाए कि शाम से नए मरीज आने लगे।

अधिकांश व्यक्ति किसी संस्था से परेशान होने पर अपना समय व ऊर्जा किसी अधिकारी या कर्मचारी की शिकायत करने में लगा देते हैं, जिसके कारण शासन व प्रशासन उस अधिकारी या कर्मचारी पर शिकंजा कसने में लग जाता है। इन सबके बीच वह सेवा छूट जाती है जिस पर ध्यान देना था।

यही उस दिन हुआ। कुछ देर में ही जिले से फोन आया जिसमें पूछा गया, “यह सब क्या चल रहा है?”

डॉक्टर रूपेश ने सारी बात बताई।

उन्होंने फिर पूछा कि तुम इस समय मरीज देख रहे हो क्या?

“जी सर।”

“अभी कुछ दिन पहले नौकरी शुरू हुई है, अभी से शिकायत मिलने लगी तुम्हारी, कल जिला कार्यालय में आना।”

सब कुछ छोड़कर रूपेश बाहर निकले और कहने लगे, “जो डॉक्टर घर पर बैठकर पैसे लेकर मरीज देखता है वह सही है, प्राइवेट प्रैक्टिस उसका अधिकार है, लेकिन वहीं कोई सार्वजनिक रूप से लोगों की मदद करना चाहे तो गलत है। अब समझ आया क्यों डॉक्टर समय के अतिरिकत काम नहीं करते।” गुस्से में झल्लाते हुए डॉक्टर निकले और कहा, “मरो तुम सब इसी लायक हो।” यह कहते-कहते डॉक्टर अपने घर वापस चले गए।

घर पहुँचने पर उन्हें लगा कि यह ठीक नहीं है, मैं इतनी जल्दी हार नहीं मान सकता। वह अगले दिन जिला मुख्यालय जा पहुँचे। वहाँ वह अपने जिला अधिकारी से बात कर कुछ समाधान खोजना चाहते थे। जैसे ही पहुँचे तो कार्यालय के बाबू से पता चला साहब हाई कोर्ट की पेशी पर गए हैं।

“हाई कोर्ट?” थोड़ा चौंकते हुए रूपेश ने पूछा, “किसलिए?”

“फूड एंड ड्रग की एक कार्रवाई में पार्टी बनाया गया है उनको।” बाबू ने जवाब दिया।

“उन्होंने क्या किया था? अब फूड एंड ड्रग से उनका क्या संबंध?” रूपेश ने पूछा।

“जिले के मुख्य चिकित्सा अधिकारी हैं, जिले में होने वाली किसी भी गतिविधि के लिए जिम्मेदार हैं वह।” यह कहते हुए रूपेश की तरफ देखकर बोला, “नई नौकरी है क्या साहब?”

“हाँ,” रूपेश ने जवाब दिया और जिज्ञासावश पूछा, “तो क्या हमें भी जाना पड़ता है कभी ऐसी पेशी पर?”

"आपके ब्लॉक से संबन्धित होगा तो आप जाओगे ही, आज भी एक ब्लॉक के साहब गए हैं साथ में। और आपको या बड़े साहब को ही नहीं, वो तो जो इस पोस्ट पर होता है, उसे महीने में 10 दिन कोर्ट जाना ही पड़ता है- कभी ऑडिट, कभी सूचना का अधिकार तो कभी फूड एंड ड्रग के लिए या कभी-कभी क्रिमिनल मामलों में मेडिकल रिपोर्ट के लिए तो कभी सलाह लेने के लिए भी बुलाए जाते हैं।"

अब रूपेश को और भी ज्यादा गुस्सा आ रहा था, लेकिन वह हार नहीं मान रहे थे। उन्होंने बाबू से कहा, "इन सबके लिए मैनेजर क्यों नहीं माँग लेते सरकार से, डॉक्टर क्यों करें यह सब?"

"जी वो भी हैं, डॉक्टर दूसरों को अपने यहाँ सहन कहाँ करते हैं, मैनेजर तो हम जैसे बाबू बनकर बैठे हैं।"

आखिर वहाँ से डॉक्टर रूपेश वापस आ गए। उनके मन में कई सवाल चल रहे थे। वापस पहुँचने पर ड्राइवर ने कहा, "साहब लॉग बुक नहीं भरी पिछले साहब ने, उसे पूरा करना है।"

"अब ये क्या बला है?" रूपेश ने ड्राइवर की तरफ झल्लाकर देखते हुए कहा।

"यह गाड़ी जहाँ जहाँ जाती है, उसका रिकॉर्ड लिखना पड़ता है। इसका ऑडिट भी होता है, जिससे पता चलता है कि गाड़ी का निजी उपयोग तो नहीं हुआ व डीजल का दुरुपयोग तो नहीं हुआ।" ड्राइवर ने अच्छे से समझते हुए बताया।

वह दिन भी ऐसा ही निकला। इधर जब डॉक्टर साहब हॉस्पिटल पहुँचे तो देखा मरीजों की बड़ी लाइन लगी है। उन्होंने इसका कारण जानना चाहा क्योंकि यह लाइन दो दिन से ही थी।

उन्होंने एक मरीज से पूछा तो उसने बताया, "हमारे गाँव का बल्लू डॉक्टर दो दिन से दुकान नहीं खोल रहा, क्योंकि कोई बड़ा अधिकारी उससे बहुत पैसा माँग रहा है।" यह सुनकर डॉक्टर रूपेश को अपने साथी की वह बात याद आ गई कि झोलाछाप डॉक्टर ही असली सेवा कर रहे हैं और यदि उन्हें हटा दिया गया तो हम 20% मरीज भी नहीं देख पाएँगे।

धीरे-धीरे रूपेश ने इस तरफ ध्यान देना छोड़ दिया। डॉक्टर का काम करने की जगह वह अपने प्रशासनिक काम में ही ज्यादा ध्यान देने लगे, जैसे खरीद-बिक्री की फाइल मंजूर करना, चेक साइन करना, सूचना का अधिकार का जवाब देना, जिले या प्रदेश मुख्यालय को जानकारी बनाकर भेजना, अन्य कर्मचारियों की ड्यूटी लगाना, जगह-जगह कैंप में जाना आदि।

इसी दौरान रूपेश के पिताजी ने एक रिश्ता भी तय कर दिया जिससे अगले महीने ही रूपेश की शादी तय हुई है।

कुछ दिन पहले ही रूपेश ने ट्रान्सफर की अर्जी लगाई है, जिसके संबंध में कहा गया है कि जल्दी ही नए बैच की भर्ती होने वाली है, उनके आते ही किसी और को ब्लॉक मेडिकल ऑफिसर बनाकर तुम्हारा ट्रान्सफर कर देंगे।

हर कार्यालय में नए बैच में कोई न कोई रूपेश पहुँच रहा है और सिस्टम बदलने का प्रयास कर रहा है। खुद के बदलने तक यह प्रयास जारी रहता है।

# तहसीलदार डायरी

एक दिन सुबह 5 बजे तहसीलदार साहब का फोन आया, "मनीष जल्दी से तैयार हो जा, जरा रेस्ट हाउस तक चल रहे हैं।" मैंने बिना ज्यादा विचार किए हाँ कर दी, क्योंकि वह तहसीलदार साहब मेरे बड़े भाई की तरह ही थे। उन्हें जहाँ जरूरत महसूस होती मुझे ले जाते थे। मैं भी उस समय अकेले स्टूडेंट लाइफ की तरह जी रहा था तो मुझे ज्यादा फर्क नहीं पड़ता, बल्कि खुशी भी रहती कि चलो आज दिन भर साहब के साथ हैं तो खाना भी नहीं बनाना पड़ेगा, वह कहीं न कहीं खिलाते रहेंगे। इसके अलावा न बोलना भी मेरे लिए ठीक नहीं था, क्योंकि वह मेरे तत्कालीन रिपोर्टिंग ऑफिसर भी थे।

मैं 30 मिनट में तैयार होकर उनके सरकारी आवास पर जा पहुँचा। सरकारी आवास भी ऐसा था कि यदि वहाँ तहसीलदार साहब को और उनके पास में वैसे ही दूसरे आवास में एसएलआर को न रखा जाता तो वह जानवर बाँधने लायक बिल्डिंग भी न थी, शायद वहाँ घोड़ों के अस्तबल होता। तहसीलदार को निजी घर या नजदीकी शहर में रहने की अनुमति नहीं होती, उन्हें अपने मुख्यालय पर सरकार द्वारा आवंटित किए गए आवास में ही रहना पड़ता है।

मैंने देखा गाड़ी तैयार है, ड्राइवर आगे के शीशे की सफाई करने में व्यस्त है, साहब भी जूते पहन रहे थे। मैंने कहा, "गुड मॉर्निंग सर।" यह सुन वह बोल पड़े, "शिक्षा मंत्री आ रहे हैं आज। उनके पास अभी राजस्व का भी चार्ज है। उनके पहुँचने के पहले रेस्ट हाउस में तैयारी करनी है। उनके साथ एक आईएएस हैं जो हिंदी नहीं जानते, उनकी बात समझने के लिए तेरी जरूरत पड़ेगी।"

"ठीक है सर कोई बात नहीं, चलिए।" यह कहकर मैं गाड़ी की तरफ मुड़ा। तहसीलदार साहब एक कुशल प्रशासक थे, लेकिन अँग्रेजी से अभी भी उतना ही डरते थे जितना स्कूल टाइम में। वैसे यदि आदेश समझना हो या आम आदमी से अँग्रेजी में बात करनी हो तो वह आसानी

से कर लेते थे, लेकिन बड़े अधिकारी से बात करने में डर का भाव रहता था क्योंकि वह ग्रामर का ध्यान नहीं रखते थे।

हमने वहाँ से चलना शुरू ही किया था, सुबह के 5.45 के आसपास समय रहा होगा, कि थानेदार साहब का फोन आ गया, "तहसीलदार साहब, जल्दी से नदावन गाँव पहुँच जाइए, एक लाश की शिनाख्त करनी है, और हाँ, जल्दी आना, ज्यादा भीड़ जमा हो गई तो माहौल खराब हो सकता है वहाँ।"

फोन काटते ही तहसीलदार साहब के चेहरे पर हवाइयाँ उड़ने लगीं, उन्होंने बताया, "नदावन पहुँचना है लाश की शिनाख्त करने।" मैंने कहा, "उसका कोई आई कार्ड नहीं है या उसके कोई परिचित नहीं हैं क्या जो आपको बुला रहे हैं?"

"अरे पुलिस के बयान और पंचनामा की कोर्ट में वैल्यू नहीं होती, उसके लिए एग्जीक्यूटिव मजिस्ट्रेट की हैसियत से हमारे पहुँचे बिना पुलिस लाश को पोस्टमार्टम के लिए भी नहीं भेज सकती।"

"यह तो बड़ा रट्टा है, तहसीलदार को यह भी सब करना पड़ता है!" मैंने कहा।

यह सुनकर बोले, "तुम्हें क्या लगता है, आज की डेट में तहसीलदार से ज्यादा खराब काम कोई हो ही नहीं सकता। अभी तो दिन में अस्पताल में एक महिला का बयान भी रिकॉर्ड करने जाना है जिसे उसके ससुराल वालों ने पीटा था।"

"मैं भी आपके साथ चलूँगा, मुझे देखना है सब। मैंने जिज्ञासावश उनसे अनुमति माँगी।

"ठीक है," उन्होंने कहा ही था कि फिर फोन आ गया। तहसीलदार साहब ने फोन उठाकर कहा, "जी सर।" यह सुनते ही मैं समझ गया कि कोई बड़े साहब हैं। इस बार एसडीएम साहब थे। तहसीलदार साहब फोन उठाकर जो पहला शब्द बोलते थे उसी से मैं समझ जाता था कि किसका फोन है। जब दूसरी बार रिप्लाई करते थे तो समझ आ जाता था कि इनके साथ क्या हो रहा है। कई वर्षों से देख-देखकर समझ गया था, अब तक लगभग 10 तहसीलदारों के साथ काम कर चुका था।

"रेस्ट हाउस पहुँचे कि नहीं?" एसडीएम साहब ने पूछा।

"बस सर दो मिनट में पहुँचने वाला हूँ।" चेहरे पर गंभीर भाव के साथ जवाब दिया।

"वहाँ कोई नहीं मिला तो समझ लेना कलेक्टर साहब तुम्हें ही सस्पेंड करेंगे। उन्हें जो कुछ भी चाहिए हो व्यवस्था कर देना, और हाँ, उनके पीए से बहस मत करना किसी चीज के लिए भी, वो कुछ भी कहे उसका ध्यान रखना।"

"जी सर," कहकर उन्होंने फोन जेब में रखा तो देखा सामने रेस्ट हाउस आ चुका था।

उतरकर देखा तो पीडब्ल्यूडी वाले पहले ही तैयारी कर चुके थे, लेकिन उन्हें यह नहीं पता था कि मंत्री जी क्या खाते हैं, उनके साथ कितने लोग हैं, वह कितनी देर रुकेंगे, उनसे मिलने कितने लोग आने वाले हैं आदि-आदि। वैसे भी रेस्ट हाउस की भौतिक सुविधाओं के बाद पीडब्ल्यूडी का कोई लेना-देना नहीं होता। उनका चतुर्थ श्रेणी का कर्मचारी रहता है जिसे पैसे देकर आप छोटा-मोटा काम करा सकते हो, लेकिन जब पीडब्ल्यूडी के विभाग का कोई बड़ा अधिकारी या मंत्री आने वाला हो तो एकाध इंजीनियर भी हाजिरी लगा रहा होता है। इसका कारण भी सिर्फ यह होता है कि वह खुद अपना कोई काम निकालने की जुगाड़ में रहता है, दूसरा उसे यह भी सुनिश्चित करना होता है कि कहीं कोई उसकी शिकायत न कर दे।

तहसीलदार साहब ने पुराने अनुभव से कहा, "गर्म पानी, चाय, बिस्कुट, फ्रिज में कोल्ड ड्रिंक इत्यादि सब हैं कि नहीं?"

उधर से जवाब आया कि गर्म पानी और चाय की व्यवस्था है, बस दूध के लिए पैसे चाहिए, और जो मँगवाना हो उसकी लिस्ट और जरूरी पैसे भी चाहिए। यह एक चतुर्थ श्रेणी कर्मचारी था।

पीडब्ल्यूडी के चतुर्थ श्रेणी के कर्मचारी भी अपने विभाग के अधिकारियों के जैसे पूरी तरह ट्रेंड होते हैं, उनसे कुछ भी माँगा जाए तो तुरंत खर्चा बता देते हैं। यही नहीं, किसी के जाने के बाद जो बचे उसे अपने कब्जे में रख लेते हैं और मौका पड़े तो अगली बार उसे ही बेच देते हैं। साथ ही आए हुए अधिकारी से टिप की उम्मीद भी करते हैं और कुछ

न कुछ उससे ले ही लेते हैं। कभी-कभी अधिकारी की प्रोफाइल देखकर उससे अपना काम निकलवाना भी उन्हें बखूबी आता है, जैसे यदि उन्हें पता चले कि शिक्षा विभाग के बड़े अधिकारी हैं तो उन्हें खुश कर अपने बच्चे का एडमिशन किसी विशेष स्कूल में करने का निवेदन कर देते हैं। यह सब वे अपने इंजीनियर को देखकर सीख चुके होते हैं। किसी विभाग के अधिकारी क्या कर रहे हैं यह उस विभाग के चपरासी से छुप नहीं सकता। उस विभाग के अधिकारियों के गुण चपरासी में दिखाई देते हैं, या यूँ कहें कि आप चपरासी की कार्यशैली देखकर विभाग के अधिकारियों की कार्यशैली का अनुमान लगा सकते हैं।

तहसीलदार साहब ने जेब से निकालकर 300 रुपए दिए और कहा, "ले आओ सब।" यह सब करने के बाद उन्होंने मंत्री जी के पीए को फोन किया। उधर से पीए बोला, "तुझे प्रोटोकॉल नहीं पता क्या, तहसीलदार किसने बना दिया? कलेक्टर से बात कर ली हमने," और फोन काट दिया।

तहसीलदार साहब का चेहरा लटक चुका था। "एग्जीक्यूटिव मजिस्ट्रेट की कोई वैल्यू ही नहीं है यार, इन लोगों का खर्चा भी उठाना पड़ता है। अब हम भी नहीं कमाएँगे तो क्या करेंगे।"

तभी फोन फिर बज उठा। इस बार फिर से दारोगा जी थे।

"कहाँ तक पहुँचे साहब? भीड़ जमा होने लगी है। गृह मंत्री तक बात पहुँच गई, कुछ गड़बड़ हुई तो आपकी जिम्मेदारी होगी। जल्दी आ जाओ।"

तहसीलदार साहब फिर मेरी तरफ देखते हुए बोले, "एग्जीक्यूटिव मजिस्ट्रेट हूँ यार मैं, इसी गाँव में यह सब होना था इस समय!"

उनकी सारी थकान इस शब्द 'एग्जीक्यूटिव मजिस्ट्रेट' के बार-बार दोहराने से मिट जाती थी। शायद वह अपनी दौड़-भाग और मानसिक बैचेनी को इसी से सम्हालने का प्रयास करते थे या शायद सरकार इस शब्द की आड़ में एक जरूरत से ज्यादा बोझ ढोने वाला व्यक्ति स्थापित कर देती थी।

अभी सुबह के 6.30 ही बजे थे।

कुछ ही समय बाद मंत्री जी की गाड़ी आ गई। उसके साथ एक पुलिस की गाड़ी भी थी। मंत्री जी के लिए उनकी इच्छा के अनुरूप पानी, नाश्ता सभी की व्यवस्था की गई थी। अंदर पहुँचकर मंत्री जी ने पूछा, “जिले से कौन है?”

तहसीलदार साहब खड़े हो गए, “जी सर।”

“किस पोस्ट पर हो?”

“तहसीलदार हूँ सर।”

“कलेक्टर नहीं आया तुम्हारा?”

“सर आते होंगे अभी।”

“अच्छा यह बताओ यहाँ क्या अच्छा मिलता है खाने में?”

इतने में पीए बोल पड़ा, “सर, यहाँ की कचौड़ी बहुत प्रसिद्ध है, नुना हलवाई की, बस स्टैंड के पास होटल है उसका।”

“अच्छा ठीक है तो 20 लोगों के लिए कचौड़ी मँगवाओ।”

“जी सर,” कहते हुए तहसीलदार साहब बाहर आ गए। उन्होंने एसडीएम साहब को फोन लगाकर कहा, “साहब आ गए और गुस्सा हो रहे हैं। उन्होंने कचौड़ी मँगवाई है।”

“ठीक है, वो सब कलेक्टर साहब देख लेंगे, ऐसे मंत्रियों को हैंडल करना आता है उन्हें। तुम बस उन्हें जो चाहिए वो व्यवस्था करवा देना।”

“जी सर,” कहकर तहसीलदार ने फोन काट दिया और नगर हल्के के पटवारी दिनेश को फोन लगाकर कहा, “रेस्ट हाउस में मंत्री जी आए हैं, उनके लिए 20 कचौड़ी नुना हलवाई से पैक करवा के भिजवाओ जल्दी।”

“ठीक है सर।”

पटवारी भी हमेशा मौके की तलाश में रहते हैं। वे अपने अधिकारी का काम तो करते हैं, लेकिन बदले में अपना काम निकालने की उम्मीद रखते हैं और जब भी सही मौका मिले दाँव मार लेते हैं। हालाँकि ऐसा करना उनकी भी मजबूरी ही समझिए, क्योंकि महीने में 10 दिन से ज्यादा उन्हें भी किसी न किसी अधिकारी की कचौड़ी का खर्चा उठाना पड़ता है। इस समय पटवारी जानते थे कि इतनी जल्दी हलवाई से

कचौड़ी मँगवाने का मतलब कोई विशेष ऑर्डर है और साहब की मजबूरी है। उसने तुरंत कहा, "सर, बहुत दिनों ने आपने एक फाइल रोक रखी है, यह मंत्री उसी के रिश्तेदार हैं, वह शिकायत करने की कह रहा था, उसने अच्छी रकम भी देने को कहा है।"

पैसे और जनता से डील करने के मामले में पटवारी तहसीलदार से ज्यादा व्यावहारिक होता है। उसे पता होता है कि कब कहाँ चोट करनी है। उसने जिस फाइल का जिक्र किया था वह एक विवादित वसीयत थी जिसे तहसीलदार गलत मानकर करना नहीं चाहते थे और पटवारी कुछ ले-देकर करवाने का प्रयास कर रहा था। वह जानता था इस समय साहब को उसकी मदद की जरूरत है, पैसे खर्च करने के लिए भी और मंत्री की खुशामद के लिए भी। वह यह भी जानता था कि मिल-बाँटकर खाया जाता है, इसलिए तहसीलदार साहब को पहले लालच व फिर मंत्री का डर दिखाया, ताकि वो यह भी समझ जाएँ कि यह काम बड़े स्तर से दबाव के जरिए भी करना पड़ सकता है।

तहसीलदार साहब ने कह दिया, "ठीक है कर देंगे, उसे रोक लेना, अभी इन्हें निबटाओ।"

कई बार तहसीलदार को गलत निर्णय इसलिए भी लेने पड़ते हैं, क्योंकि वह ऐसे खर्चे अपनी जेब से नहीं कर सकता, और सरकार इसके लिए कुछ देती भी नहीं है।

थोड़ी देर में रेस्ट हाउस पर एसडीएम साहब पहुँच गए। तहसीलदार ने पूरी स्थिति से अवगत कराया और कहा, "कचौड़ी भी आने वाली हैं।"

सब ठीक देखकर एसडीएम ने तहसीलदार से कहा, "तुम्हारे गाँव में एक मर्डर हुआ है और तुम अब तक यहाँ हो! जल्दी पहुँचो, कुछ हो गया तो क्या होगा? यहाँ तुम्हारी कोई जरूरत नहीं है, वैसे भी यहाँ कलेक्टर साहब आने वाले हैं, उन्हें पता चल गया कि तुम यहाँ हो तो समझ लेना..."

यह सुन तहसीलदार ने कहा, "ठीक है सर, मैं निकलता हूँ।" फिर अपने ड्राइवर से इशारे से कहा, "गाड़ी निकालो," और चल दिए।

मैं भागा-भागा पीछे बैठ गया। गाड़ी पुराने जमाने की जीप थी जिसका पीछे का गेट दो लोग खोल पाते थे। मुझसे नहीं खुला तो उचककर बैठ गया।

मैंने कहा, “साहब, यह एसडीएम साहब तो बड़े नखरे दे रहे थे, आपने बताया नहीं सर कि हम सुबह से यहाँ परेशान हैं। भेजा भी तो उन्हीं ने था।”

यह सुन तहसीलदार साहब अपने अनुभव का लाभ देते हुए बोले, “अभी तुझे पता नहीं है कि नौकरी कैसे की जाती है, इसलिए यह कह रहा है, धीरे-धीरे सब सीख जाएगा।”

इतने में फिर से फोन बज उठा, “साहब आप कहाँ हैं, यहाँ बवाल हो रहा है। यह कल्ली नेता जनता को भड़का रहा है। पुलिस लाठी लेकर खड़ी है, जिससे वह गाँववालों से कह रहा है कि आपने विधायक को वोट नहीं दिया था, इसलिए आपकी पिटाई कराई जाएगी।”

“अरे सरपंच साहब आप समझाओ। मैं भी पहुँचता हूँ, पर मैं कर भी क्या लूँगा!” फिर थोड़ी देर रुककर कहा, “आप जिसके घर दुर्घटना हुई है उसके घरवालों को वहाँ से दूर ले जाओ, उनके बयान करवा लेंगे अलग से।”

इस बार नदावन के सरपंच व सत्तापक्ष पार्टी के समर्थक नेता सुरेन्द्र सिंह यादव का फोन था।

तहसीलदार साहब ने वहीं से पटवारी को फोन लगाकर पूछा, “कहाँ हो संजय?”

“सर, मैं रास्ते में हूँ, बस गाँव पहुँचने वाला हूँ।”

“तुम लोग नौकरी नहीं करना चाहते ढंग से, अब गाँव में बवाल हुआ है और तुम जिले में हो। इस समय तो कोई ट्रेन भी नहीं है, फिर कैसे आ रहे हो?”

“सर, मैं गाड़ी से पहुँच रहा हूँ।”

फोन काटते हुए तहसीलदार साहब बोले, “आजकल पटवारी भी नेता से कम नहीं हैं, कोई मुख्यालय पर नहीं रहना चाहता।”

उन्होंने तुरंत ही दारोगा को फोन लगाया, “दारोगा जी, क्या स्थिति है?”

"सर, यहाँ कुछ लोग भड़का रहे हैं जनता को। अब तक तो सब ठीक है, पर जल्दी से इसका अंतिम संस्कार करना पड़ेगा, नहीं तो कुछ बवाल न हो जाए।"

"मैं 20 मिनट में पहुँच रहा हूँ, तब तक किसी पर लाठी मत चलाना। सरपंच को आगे करके गाँव वालों से बात करो। पटवारी भी पहुँच रहा होगा जल्दी।"

"जल्दी आ जाओ साहब, नहीं तो एकाध मर जाएगो हम से गुस्सा में, जे कल्ली ज्यादा नाटक कर रहा है।"

कल्ली पास के गाँव का नेता था, लेकिन उसकी नेतागीरी आसपास के सभी गाँवों में थी। वह हर चुनाव में हर नेता से पैसे लेता और बदले में वोट दिलवाने का आश्वासन देता। इस बार जीते हुए विधायक ने उसका भरोसा नहीं किया और उसे पैसे नहीं दिए, तब से हर मौके पर उसके खिलाफ लोगों को भड़काता रहता है। तहसीलदार साहब उसे अच्छे से जानते थे क्योंकि वह अक्सर तहसील में भी सबको परेशान करता था और शिकायत-शिकवा करता रहता।

मैं भी उसे अच्छे से जानता था। मैंने साहब से पूछा, "सर, आप तो उससे बहुत अच्छे से बात करते हो और उससे आपकी अच्छी पटती है, अब आप कह रहे हो बेकार है वो?"

"अरे यह नौकरी ऐसी है कि जिसमें अच्छे लोगों से बनाओ न बनाओ, पर जो खल हैं या उपद्रवी हैं उनसे बिगाड़ना नहीं चाहिए। मुसीबत में ऐसे लोग आपका साथ दे देते हैं, आम आदमी कभी नहीं देता।"

थोड़ी देर में तहसीलदार साहब पहुँच गए। उतरे ही थे कि कल्ली आ खड़ा हुआ और कहने लगा, "साहब, आप अब पहुँच रहे हो, कितनी देर हो गई! और आपका पटवारी तो गाँव में रहता ही नहीं है। इस गरीब की जमीन का विवाद था इसीलिए यह हुआ है।" वह उस घटना को जमीन से जोड़ तहसीलदार पर दबाव डालने का प्रयास करने लगा। वह जिस विभाग के अधिकारी आते, घटना को उसी से जोड़कर लोगों को भड़काने लगता। जैसे यदि डॉक्टर हों तो स्वास्थ्य सेवा की कमी को घटना का जिम्मेदार मानता, पीडब्ल्यूडी वाले हैं तो घटिया निर्माण कार्य को

जिम्मेदार बताता। उसके इशारे पर गाँव के लोग विधायक के खिलाफ मुर्दाबाद के नारे लगाने लगे। तहसीलदार इस बात से परिचित थे कि भीड़ के भड़कने पर कुछ भी हो सकता है, और इस समय पुलिस का उपयोग भी लोगों को भड़का सकता है।

उन्होंने सरपंच और दारोगा से बात करके कुछ देर शांत रहकर देखते रहने को कहा और पटवारी को फोन लगाकर निर्देश दिया, "इस कल्ली की जमीन पर जाकर जमीन नापो और किसी किसान से कहलवा दो कि इसकी जमीन के रास्ते में सरकारी रास्ता निकला है, जिसकी नापजोख कर रहे हैं। पास के किसानों को इसके खिलाफ भड़काओ।"

थोड़ी देर में कल्ली के पास फोन आया और वह सीधा अपनी गाड़ी लेकर अपने खेतों की ओर जा निकला। तब तक तहसीलदार ने दारोगा से कहा, "इसके खेत पर पहुँचने से पहले पुल पर चार पुलिस वालों से इसे उठाकर थाने ले जाओ, इसका फोन भी जब्त कर लेना, तब तक इधर मामला निबटाता हूँ।"

थोड़ी ही देर में तहसीलदार ने गाँववालों को सरपंच और पटवारी की मदद से समझा-बुझाकर बॉडी की शिनाख्त करवाई, गाँव के लोगों से पंचनामा पर साइन करवाए और उन्हें बताया कि "तुम्हारे बिना इस गाँव में कोई कुछ नहीं कर सकता, तुम्हारे साइन के बिना हम भी कुछ नहीं कर सकते।" और लाश का अंतिम संस्कार भी करा दिया।

तब तक क्षेत्रीय विधायक, कलेक्टर, एसडीएम भी आ चुके थे। प्रदेश स्तर पर कलेक्टर और एसपी साहब ने रिपोर्ट भेज दी कि सब कुछ कंट्रोल में है, बस तहसीलदार के देर से पहुँचने के कारण कुछ गड़बड़ हुई थी।

कल्ली भी थाने से वापस भेज दिया गया। वह समझ गया था कि उसे हटाने के लिए ही यह हुआ था। उसे देखते ही सरपंच ने कहा कि साहब, यह फिर आ गया। तहसीलदार साहब बोले, "अब चिंता की बात नहीं है, बड़े गुंडे के सामने छोटे गुंडे हरकत नहीं करते।" वह समझ गया कि विधायक के सामने यह कुछ नहीं करेगा। सामने आते ही कल्ली ने विधायक के पैर छुए और कहा, "नेताजी, सब सम्हाल लिया था हमने। सुबह से जनता भड़क रही थी, हमने मामला पूरा सम्हाला।"

अब तक सुबह के 11 बज चुके थे। अंतिम संस्कार के बाद तहसीलदार ने सरपंच को समझाकर सब कुछ उसके रिश्तेदार के सुपुर्द करने को कहा और गाड़ी निकालकर चल दिए।

गाड़ी से लगभग दो किलोमीटर ही निकल पाए थे कि तहसील से रीडर का फोन आ गया, "साहब आज आएँगे क्या? आज की पेशी वाले लोग आ गए हैं।"

"हाँ आ रहा हूँ थोड़ी देर में।" कुछ ही देर में गाड़ी तहसील की तरफ मोड़ दी गई।

"सर, कुछ खाया नहीं है, सुबह से भूख लग रही है।" मैंने कहा।

"अभी चलते हैं, तहसील में ही मँगवाएँगे।" साहब ने जवाब दिया।

थोड़ी देर में हम तहसील पहुँच चुके थे।

अंदर पहुँचे कि एक आवेदक आ खड़ा हुआ, "सर, मेरा आय प्रमाण पत्र बनना है।"

तहसीलदार साहब बोले, "दे दो, उधर बना देंगे।"

"नहीं सर, आज ही चाहिए एडमिशन में लगना है।"

"सब अटकी पर ही आते हैं, अब यदि आज नहीं आ पाते हम तो क्या करते?"

"कैसे नहीं आते सर! वैसे भी दो घंटे से इंतजार कर रहा हूँ।" बातों-बातों में उसने कह दिया कि तहसीलदार समय पर नहीं आते, खुद लेट आते हैं।

यह सुन तहसीलदार ने कहा, "बाबूजी को दे दो। अभी थोड़ा-सा समय तो दो, ऐसे मामले में हम खुद लेट नहीं करते लेकिन अटकी पर ही क्यों बैठे रहते हो?"

तहसीलदार ने बाबूजी से दो प्लेट छोटे भटूरे लाने और साथ ही ड्राइवर के लिए भी खाने के पैसे देने को कहा। इस दौरान टेबल पर रखी फाइलें देखकर कहने लगे कि आज काफी फाइलें हैं, कई बयान देने वाले भी आएँगे तो जल्दी-जल्दी सबको बुलाते जाओ।

तहसील के बाहर लगभग 30 लोग आ चुके थे, सब इंतजार में थे। इतने में खाना आ गया। वह खाते हुए बोले, "जल्दी सब निबटाकर 3

बजे तक निकलते हैं। सुबह से थक गए। आज बच्ची को मेला लेकर भी जाना है, कई दिनों से कह रही है।"

अधिकांशतः ऐसे पदों पर रहने वाले अधिकारी परिवार के लिए समय नहीं निकाल पाते।

इतने में बाहर से आवाज सुनाई दी, कोई कह रहा था, "सरकार से मोटी-मोटी तनख्वाह लेकर यहाँ पकवान खाने आते हैं, जनता ऐसी-तैसी कराती रहे।" तहसीलदार साहब ने भी यह सुन लिया था, पर अब क्या करें, जनता से कुछ कह भी नहीं सकते। वैसे भी किसी को दूसरे पर क्या बीत रही है इससे फर्क भी नहीं पड़ता, सो जल्दी से खाकर एक-एक को पेशी पर बुलाने लगे।

सिर्फ तीन आवेदक पूर्ण हो पाए थे कि जिले से एक बड़े वकील आ गए, बोले- "हमारे पास टाइम नहीं है आज, कलेक्टर साहब के यहाँ भी पेशी है, हमारी फाइल जल्दी निबटा दो।" मैंने देखा जल्दी ही उनकी फाइल निकाल दी गई।

मैंने साहब से पूछा, "इन्हें लेट नहीं कर सकते क्या?" तो वह बोले, "खाज से जितनी जल्दी फ्री हो सकें उतना अच्छा है।" बाद में पता चला वह वकील साहब शिकायती थे।

मैं हँसकर उनकी फाइल के एक्स्ट्रा डॉक्यूमेंट्स देखकर लगाने में मदद करने लगा।

लगभग दो घंटे में सभी फाइल निबटा दीं। जिस गाँव के किसान शाम तक आ पाते थे, उनके लिए अगली तारीख देने को कहकर, तहसीलदार साहब शेष बचे हुए आवेदन जैसे आय प्रमाण पत्र, स्थानीय निवासी आदि निबटाने लगे। यह सब कर हम जाने की तैयारी में ही थे कि बाबूजी ने चाय ऑर्डर कर दी और चाय पीते-पीते कुछ गपशप लगाने लगे। उसी दौरान जिले से स्टेनो का फोन आया, "आप रहँट गाँव के तालाब की फाइल लेकर हाईकोर्ट पहुँचें, वहाँ अपर कलेक्टर साहब पहले से पहुँच गए हैं, आज पेशी है।"

यह सुनकर तहसीलदार साहब का दिमाग खराब हो गया। पर अब कर भी कुछ नहीं सकते थे, प्रशासन में न बोलने को स्वीकार नहीं किया जाता। वैसे भी ऐसे मामले में न बोलने का मतलब होता है पूरे केस

की जिम्मेदारी तहसीलदार पर डालकर उन्हें हटा दिया जाना। अतः रिकॉर्ड रूम से फाइल ढूँढ़ी गई और उसे लेकर संभाग पर हाईकोर्ट में रवाना हुए।

लगभग 5 बजे हम कोर्ट में पहुँचे, तब तक अपर कलेक्टर साहब सजा के तौर पर एक तरफ बैठे हुए थे। पता चला कि उन्हें केस की कोई जानकारी नहीं थी तो उनको डाँट पड़ी है। साथ ही यह भी कहा गया है कि अगली बार कलेक्टर व्यक्तिगत रूप से हाजिर हों। सजा के रूप में अपर कलेक्टर को तीन घंटे चैंबर में बाहर बैठने को कहा गया था। साथ ही उन्हें तालाब की फाइल जमा भी करनी थी।

आखिर तहसीलदार को देखकर उन्होंने पूरा गुस्सा उन्हीं पर उतार दिया, "किसने तहसीलदार बना दिया तुम्हें, इतना समय लगता है क्या आने में, मेरे जैसा कलेक्टर होता तो नौकरी करना सिखा देता, खा-खा के पड़े रहते हो, बस रिश्वत लेते रहो!"

साहब सुनते रहे और मुँह लटकाकर खड़े रहे।

आखिर हम 6 बजे वहाँ से वापस चल दिए। लगभग 8 बजे जब हम अपने मुख्यालय पर पहुँचे तो देखा वहाँ हाईवे पर ही पुलिस और राजस्व का संयुक्त अभियान चल रहा है, जिसमें अवैध उत्खनन करने वालों को पकड़ा जा रहा है। एसडीएम साहब की गाड़ी देखकर हम रुक गए और वहीं जाकर खड़े हो गए। वहाँ तहसीलदार साहब ने उन्हें सुबह से अब तक की सभी घटनाओं का विवरण सुनाया।

एसडीएम साहब ने बहुत ही संवेदनशीलता से सब कुछ सुना और बोले, "तुम जरा यहाँ टीम को लीड करो, यहाँ कोई न कोई अधिकारी चाहिए, तब तक मैं जरा मेले में राउंड लगाकर आता हूँ, कुछ दिन पहले बच्चे गए थे तो दोबारा जाने कि जिद कर रहे हैं।"

"जी सर," कहकर तहसीलदार साहब ने मोर्चा सम्हाला। वह इसी बात से खुश थे कि वह अधिकारी हैं और पुलिस व माइनिंग विभाग वाले उनके हिसाब से चलेंगे। आखिर मजिस्ट्रेट जो हैं!

रात को 10.30 तक यह चला, उसके बाद एक नेता के दामाद का डंपर पकड़ लिया गया तो उसने गृह मंत्री से फोन करा दिया। इसके चलते पूरी चेकिंग निरस्त की गई और इस डंपर के पकड़े जाने की

जिम्मेदारी तहसीलदार के माथे मढ़ी गई, जिसके लिए उनकी खिंचाई हुई और अगले दिन ऑफिस में आकर मिलने को कहा गया।

आखिर रात के 11.20 पर हम घर पहुँचे।

अगले दिन किसी राज्य के राज्यपाल उस जिले के तीर्थ स्थल पर आने वाले थे, जहाँ तहसीलदार साहब को रेस्ट हाउस पर पहुँचना था। इससे पहले उन्हें उस राज्य की संस्था से समन्वय करके उन राज्यपाल महोदय की आदत, खानपान आदि सब जानना था।

इस तहसीलदार की आज भी यही हालत है, कोई सुनने वाला नहीं है, लेकिन मजिस्ट्रेट बनाकर यह सब करना 'आसान' है।

# रिटायरमेंट

उत्तरप्रदेश और मध्यप्रदेश के बॉर्डर पर झाँसी और शिवपुरी के बीच, बुंदेलखंड में ओरछा से थोड़ी दूरी पर बेतवा नदी के किनारे एक छोटा-सा गाँव है जिसे हम सोन्हर के नाम से जानते हैं। इसी गाँव के एक सदस्य संग्राम सिंह हैं, जो हाल ही में केंद्र सरकार के बड़े पद संयुक्त सचिव (सीनियर आईएएस) से सेवानिवृत्त हुए हैं। इससे पहले वो उत्तरप्रदेश कैडर के आईएएस थे। उन्होंने अपनी सेवा की शुरुआत बतौर डिप्टी कलेक्टर उत्तरप्रदेश लोक सेवा आयोग द्वारा चयनित होकर अपने प्रदेश से ही की थी, फिर अनुभव के आधार पर विशेष कार्य, व्यवहार व प्रयास की बदौलत आईएएस अवार्ड होते हुए दो जिलों में कलेक्टर भी रहे। इसके बाद कुछ वर्ष राज्य सरकार में अतिरिक्त सचिव के पद पर रहने के बाद, सेवा के अंतिम दिनों में प्रतिनियुक्ति पर केंद्र में चले गए। वो अंतिम दौर में देश के सबसे विकसित शहरों में से एक व राजनीतिक रूप से मजबूत शहर दिल्ली में रहना चाहते थे।

कोई उनसे कहता कि अपने गाँव में क्या बुराई हैं तो कहते, “सुना है दिल्ली में स्वास्थ्य और शिक्षा सबसे अच्छी है।” इसलिए वो वहीं चले गए। दिल्ली में एक बड़ा-सा बंगला मिला था बाराखंभा के पास ही, उसमें ही सपरिवार निवास करने लगे। लेकिन वह जानते थे कि रिटायरमेंट के बाद इसे खाली करना ही पड़ेगा तो भविष्य को दृष्टि में रखते हुए घर खरीदने का विचार किया। जब हर जगह को देखना शुरू किया तो दिल्ली में प्रदूषण के कारण मन नहीं लगा और दूसरे राज्य में बंगला होने से अच्छा है अपने गृहप्रदेश में घर हो, यह सोचकर उन्होंने दिल्ली से सटे उत्तरप्रदेश के औद्योगिक शहर नोएडा में बसने का प्लान किया। कुछ दिन की दौड़-भाग, बच्चों के दबाव और सुझाव के बाद उन्होंने एक बड़ा-सा बंगलानुमा फ्लैट ले ही लिया।

गाँव में जितने क्षेत्र में उनकी भैंसों के रहने की व्यवस्था थी लगभग उतना ही बड़ा आलीशान, लग्जरी फ्लैट 4 करोड़ में खरीदा था।

जिस प्रकार भैंसों के लिए नहाने को गाँव की नदी थी वैसे ही उनके सोसाइटी में भी एक स्वीमिंग पूल था, जिसकी समय-समय पर सेल्फी लेकर वो सोशल मीडिया पर डालते रहते।

आखिरकार 31 जुलाई 2020 को वो अपने पद से रिटायर हो गए। प्रयास किया कि सरकारी आवास पर कुछ समय और कब्जा रखा जाए, लेकिन सरकार के दबाव के कारण पूरी तरह बोरिया-बिस्तर समेटकर फ्लैट में जाकर रहने लगे।

जिस व्यक्ति को पूरी जिंदगी नौकर-चाकर मिले हों, जहाँ पहुँचे वहाँ राजा की तरह सम्मान मिला हो तो ऐसा व्यक्ति फ्लैट में कैसे दिन काट सकता है! वही संग्राम सिंह जी के साथ भी हुआ।

दरअसल उन्हें एक दिन लगा कि इतनी दौड़-भाग, पैसा इकट्ठा करने के बाद भी जिंदगी में सुकून नहीं है। फ्लैट पर बच्चों का कब्जा हो गया था, कुछ समय पहले इसी कोरोना काल में उनकी पत्नी एक लंबी बीमारी के कारण उन्हें छोड़कर चली गई थीं। कुछ महीने लगातार लॉकडाउन की वजह से उनकी नजर में स्वास्थ्य के लिए सर्वश्रेष्ठ शहर उनकी कोई मदद नहीं कर पाया व वह अपनी पत्नी को लाख प्रयास के बाद भी न बचा पाए। तो उन्हें लगा अब क्यों न गाँव ही चला जाए, वहाँ कुछ दिन रहा जाए। और फिर गाँव में जो फार्म हाउस और खेती की जमीन है वो किस काम में आएगी। आखिर में उसे बेचकर बच्चों को पैसे देने पड़े तो एक दिन में तो बिक नहीं जाएगी, पहले से तैयारी तो करनी पड़ेगी। चूँकि बच्चों की पूर्ति नौकरी से नहीं हो पाती, आज नहीं तो कल वो जमीन बेचेंगे ही।

आखिर एक दिन अपनी एक बड़ी-सी एसयूवी गाड़ी और ड्राइवर के साथ गाँव जा पहुँचे। रिटायरमेंट के बाद पहली बार गाँव आए थे, वैसे शायद अब तक आ जाते पर कोरोना के कारण संभव नहीं हो पाया।

कुछ समय तक तो उन्हें भरोसा ही नहीं हुआ कि मैं रिटायर भी हो सकता हूँ। बहुत जुगाड़ लगाया कि कोई सेवा विस्तार मिल जाए या किसी आयोग में कुछ बनाकर बैठा दें अथवा किसी प्रकार का सहायक का पद ही मिल जाए। पर सब में असफल रहे। आखिर लगभग आठ

महीने बाद कोरोनाकाल में सरकार द्वारा की जा रही छँटनी देखकर वो समझ गए कि अब जुगाड़ नहीं बनेगा, तब अंतिम निर्णय लिया कि कुछ समय अपने गाँव में ही गुजारा जाए। हालाँकि गाँव जाने में भी उनकी दूरदर्शिता थी, सुना था कि विधायकी का रास्ता गाँव से ही जाता है। अब इतना बड़ा बुद्धिजीवी भला समय और किस्मत के आगे कैसे हार माने। आखिर अपनी गाड़ी से गाँव जा पहुँचे।

इस बार उनकी गाड़ी देखकर सबने आश्चर्य किया, क्योंकि सभी ने उनकी गाड़ी बिना बत्ती के न देखी थी। पहले जब भी गाँव आते, साँय-साँय करता हुआ सायरन पहले बता देता था संग्राम सिंह आ गए। गाँव के और आसपास के लोगों की भीड़ जमा होने लगती, किसी की सिफारिश, किसी की लड़ाई, किसी का ट्रान्सफर, किसी की नौकरी की उम्मीद, सब प्रकार की समस्या लोग लेकर आते। संग्राम सिंह कई समस्याओं को सॉल्व करने की कोशिश करते। कुछ को कर पाते, कुछ के लिए ऊपर फोन कराने की कह देते, तो कुछ का खर्चा बता देते। ऐसे ही समय निकल जाता।

इस बार उनकी गाड़ी के पीछे कोई नहीं दौड़ा। कुछ लोग गाड़ी देखकर बोले, "उतर गई बत्ती, बड़ी जवानी चढ़ी थी, आखिर सबका समय एक-सा नहीं रहता।" किसी ने कहा, "इन पर केस भी चल रहा है। जब कलेक्टर थे तब पैसे लेकर किसी को खदान दी थी।" कोई कहने लगा, "बच्चों ने भगा दिया है, आज तक तो गाँव की सुध नहीं ली, सुना है बहू बहुत तेज है।" इस प्रकार जितने मुँह उतनी बातें, पर सबको सुनकर यह जरूर लग रहा था कि अब पहले जैसा कुछ नहीं रहा।

शाम के 6 बजे के आसपास का समय था जब वह गाँव में अंदर पहुँचे। गाँव की सकरी गलियाँ, उनमें फैला हुआ पानी, बीच-बीच में आने-जाने वाले पशु, बैलगाड़ी पर भूसा ढोकर लाने वाले युवक, इन सबको देखकर संग्राम जी ड्राइवर से कहने लगे, "कुछ नहीं बदला गाँव में, सत्तर साल में सरकार कुछ नहीं कर पाई।"

ड्राइवर कई वर्षों से उनका साथी था और धीरे-धीरे वो ड्राइवर के साथ-साथ उनका अच्छा दोस्त बन चला था। रिटायरमेंट के बाद उसकी पूछ बढ़ गई थी। शायद साहब को दुनियादारी समझ आने लगी

थी, इसलिए उसकी इज्जत बढ़ा दी थी। मुस्कराते हुए ड्राइवर बोला, "साहब सरकार तो हम ही थे फिर किसे दोष दें!"

संग्राम सिंह कहने लगे, "ऐसा होता फिर क्या नहीं था! हम सरकार नहीं थे, हम सिर्फ सरकार के एजेंट थे, या कहो बाबू थे, बड़े बाबू। हमारा कोई दोष नहीं हैं, यह तक सरकार तय करती है कि आदेश पर हस्ताक्षर किस जगह होने चाहिए और ऑफिस में तस्वीर किसकी लगानी चाहिए। ऐसे लोग हमें भला कुछ करने देते?" यह कहकर संग्राम सिंह चुप होकर गाड़ी के बाहर देखने लगे, लेकिन वह जानते थे कि उनके ड्राइवर ने जो कहा है वह भी पूरी तरह गलत नहीं है, क्योंकि वह जिस पद पर रहे उसे सरकार से कम भी नहीं कहा जा सकता।

संग्राम सिंह इस बात को समझकर सरकार का समर्थन करते हुए बोले, "गाँव का विकास न होने का कारण यहाँ के लोग ही हैं," और उसी समय गाड़ी के बाहर इशारा करते हुए कहने लगे "देखो यहाँ लोग रोड के पास नाली तक नहीं बनाने देते, सीमेंट लगाएँ तो अपने घर के आँगन में भी सीमेंटीकरण करने की जिद करके लड़ते हैं। कोई रास्ता सीधा नहीं होने देना चाहता, दो-दो फुट करके सब कब्जा कर लेते हैं... और फिर यह सब चाहते हैं कि सरकार सब कुछ इनको ही दे दे, दूसरे गाँव वाले को कुछ न मिले।" यह सब कहकर संग्राम सिंह ने सरकार का समर्थन किया और अप्रत्यक्ष रूप से अपने समय के लगे आरोप का भी। सच सुनने से अहंकार को ठेस जल्दी पहुँचती है, क्योंकि ऐसे सच को गलत भी नहीं कहा जा सकता और स्वीकार भी नहीं किया जा सकता।

कच्ची गली और बीच-बीच में पड़ा लोगों के घर बनाने का मलबा, कहीं-कहीं रास्ते में बँधे हुए जानवर। इन सबसे बचते-बचाते धीरे-धीरे सरकते हुए वो अपने घर पहुँचे। घर पर उनके भाई का लड़का अमन रहा करता था जो खेती करवाता था। वो अपने चाचा संग्राम सिंह से बहुत चिढ़ता था, क्योंकि चाचा ने उसे छोड़कर सबकी नौकरी लगवा दी थी। पर वह जानता था कि अब भी उनके ही कारण अच्छा कमा रहा है, इसलिए विरोध भी नहीं करता था। चाचा यह जानते थे कि खेती का काम देखने के लिए कोई घर का ही होना चाहिए, बाहरवालों पर इतना भरोसा ठीक नहीं, घर के लोग विरोधी हों तब भी बाहर से भले हैं। इस प्रकार

उन्होंने जानबूझकर उसकी नौकरी नहीं लगने दी, या यूँ कहें कि उन्होंने कोई विशेष प्रयास नहीं किया, अन्यथा उस समय यह बड़ी बात नहीं थी। लेकिन वो अपने भतीजे अमन को कोई कमी नहीं होने देते, खेती का एक हिस्सा जो एक नौकरी से ज्यादा ही था उसे देते थे। पर अमन हमेशा उन्हें यह एहसास कराता रहता कि जिनको आपने सब दिया वो आपके काम नहीं आएँगे, बल्कि मैं आपके काम आऊँगा।

जैसे ही चाचा गाड़ी से उतरे, अमन उन्हें देखकर आ गया और पैर छूकर बोला, "अकेले आए हो चाचा, कल्लू और उसकी मेरठ वाली ने भगा दिया क्या?" चाचा हँसते हुए बोले, "अरे कपूतों की इतनी हिम्मत कहाँ कि भगा दें, मैं ही आ गया तुझे देखने।"

धीरे-धीरे चाचा से मिलने एक-दो लोग आने लगे, उसी में सरपंच साहब भी आ गए। वो अभी सरपंच तो नहीं हैं लेकिन लंबे समय तक सरपंच रहने के कारण नाम सरपंच पड़ गया। वो संग्राम सिंह के सखा भी थे और उसके महत्व को अब भी समझते थे। साथ ही अनुभवी थे, राजनैतिक व सामाजिक सभी प्रकार का अनुभव था, जिसके आधार पर उन्हें पता था कि रिटायर आईएएस भी कुछ नहीं तो दलाली का काम तो करवा ही सकता है।

"और बताओ संग्राम कैसे आना हुआ?" सरपंच साहब बाहर डली हुई खटिया पर लकड़ी रखकर बैठते हुए बोले।

"क्या बताऊँ सरपंच, जीवन में रचनात्मकता नहीं रही अब, कोई नहीं पूछता, बाद में समझ में आया लोग हमारी नहीं पद की इज्जत करते थे।"

"इज्जत नहीं, डर और जरूरत से झुकते थे।" सरपंच फिर हँसकर बोल पड़ा।

"अच्छा अभी से लकड़ी के सहारे चलने की जरूरत पड़ गई क्या! वैसे तो बड़ा बहादुर और जवान बना फिरता था।" संग्राम सिंह ने सरपंच से मजाक किया।

"अरे नहीं अभी भी जवान हैं, शुद्ध देशी घी की बॉडी है, बासी डबलरोटी, पावभाजी की नहीं। यह डंडा तो इस समय भैंसों और कुत्तों को भगाने के काम आता है, किसान का हथियार डंडा ही है।"

संग्राम सिंह गहन चिंतन की मुद्रा में देखते रहे और कुछ समय बाद बोले, "अब सोच रहा हूँ यहीं रहने लगूँ, बच्चे साले सीधे मुँह बात नहीं करते। ऐसा लगता है ये भी मेरे नहीं संग्राम सिंह आईएएस के ही हैं। और तेरी भाभी के जाने के बाद कोई मुझे समझता ही नहीं है।" तभी अमन बोल पड़ा, "चाचा, आपने दुनिया के लिए बहुत किया पर अपने गाँव के लिए कुछ नहीं किया। यदि गाँव के लिए कुछ करते तो आज सब आपको सरपंच बनवा देते और सम्मान भी करते। गाँव में सम्मान के लिए पद, पैसे और रिश्ते की जरूरत नहीं पड़ती, बस आप पढ़े-लिखे हों या उम्र ज्यादा हो यही बहुत है।"

"हाँ यार संग्राम, अमन कह तो सही रहा है। तेरे पास कोई कमी तो है नहीं, कुछ अपने गाँव के लिए ही कर, आगे सरपंच के चुनाव भी हैं उसमें भी मुझे फायदा मिलेगा। तू आईएएस जैसे पद पर रहा है तो सरपंच बनना शोभा नहीं देगा, इससे तो फिर सीधा विधायक बन और डायरेक्ट मंत्री। अब तो प्रचार और चुनाव पर कोई रोक नहीं है, अब तो सरकार का नौकर भी नहीं रहा।" अपने पद का बचाव करते हुए सरपंच ने सलाह दी।

"तू चिंता मत कर भाई, तेरे खिलाफ नहीं लड़ूँगा" हँसकर संग्राम सिंह ने जवाब दिया।

"जीत भी नहीं पाएगा अगर लड़ेगा भी तो, और बेइज्जती अलग होगी। इसलिए सोचियो भी मत।" सरपंच के यह कहते ही संग्राम सहित आसपास के लोग भी मुस्कराने लगे।

"बात तो सही है पर करूँगा क्या?" सभी कुछ देर सोचते रहे, फिर अमन बोला, "चाचा, हम बताएँ एक आइडिया है। आजकल गाँव में बेरोजगार बहुत हैं, उनकी कुछ मदद कर दो।" इतने में पीछे खड़ा अनिल बोल पड़ा, "चाचा, गाँव में भौत मोड़ा कुँवारे फिर रहे उनको कयूँ से बिआव करा दो।"

संग्राम सिंह हँसने लगे। सरपंच बोला, "एक काम करते हैं, मैं गाँव के सब नई उम्र के बच्चों को बुलाता हूँ, उनसे बात करके देखते हैं। हो सकता हैं कुछ निकलकर आ जाए।"

यह बात संग्राम सिंह को भी अच्छी लगी। उन्होंने कहा "हाँ, ठीक है। हो सकता है कोई रास्ता अपने आप निकाल आए। बुलाओ कल बात करते हैं।"

"कल ग्राम सभा है, उसी में सबको बुलवाए देते हैं, ठीक है?" यह कहकर सरपंच ने अमन से कहा, "देख जरा चाय में कित्ती देर है, और संग्राम खों पहले ही बिना शक्कर की निकरवा दिओ।"

कुछ देर तक ऐसे ही गप्पें चलती रहीं, फिर संग्राम सिंह उठकर अपने घर के पास के खेत और गाय देखने चले गए। रात तक पंचा और साफा लगाकर बिलकुल देहाती होने का प्रयास करने लगे।

अगले दिन ग्राम सभा के समय सरपंच संग्राम सिंह को लेने आ गए। वह पहले से तैयार हो चुके थे, सरपंच के आवाज लगाते ही, ड्राइवर को गाड़ी निकालने का इशारा किया। तभी सरपंच बोल पड़ा, "क्या कर रहे हो संग्राम, अपनी मिट्टी से कैसा बैर! इसे गाड़ी से नहीं रौंदा जाता, इसके साथ चला जाता है, इसने हमें बचपन से पाला है।"

सुनकर संग्राम सिंह ने मुस्कराते हुए ड्राइवर की तरफ इशारा करके कहा, "रहने दे भाई, मिट्टी से रगड़ के ही चलने की कह रहा है सरपंच," और फिर सरपंच के साथ चलते हुए बोले, "अब आदत नहीं रही, उम्र भी बहुत हो गई है।"

"क्या उम्र की बात करता है, भूल गया तेरी दादी 85 की उम्र में तुझे नदी दिखाने ले जाती थी।" संग्राम सिंह थोड़ा भावुक होकर कहते हैं, "सही कहा सरपंच, इन पैसों ने शायद जल्दी बूढ़ा कर दिया। इस पद और पैसे ने मिट्टी से भी दूर कर दिया था।" दोनों पैदल चलने लगे, पीछे ड्राइवर और अमन थे।

चलते-चलते संग्राम ने कहा, "पूरी नौकरी में सिर्फ एक बार किसी गाँव की ग्राम सभा में गया था, वो भी इसलिए कि उस गाँव के सरपंच ने उस दिन ग्राम सभा में राज्य सरकार के कैबिनेट मंत्री बुलवाए थे, और मैं उस समय उस जिले का कलेक्टर था।" सरपंच बोला, "हम खुद नहीं जाते तो कलेक्टर के पास कहाँ टाइम है इतना!" और चारों हँसते-हँसते आगे बढ़ते रहे।

बातों-बातों में सभी पंचायत भवन पहुँच चुके थे। भवन चूने से पूता हुआ था। अंदर दीवारें सीमेंट की बनी थी लेकिन फिर भी मिट्टी झड़ रही थी। अंदर हॉल में फर्श पर लगभग 50 लोग बैठे थे। वैसे आमतौर पर ग्राम सभा के नाम पर चार-पाँच लोग ही मिलकर औपचारिकता पूरी कर लेते थे, लेकिन आज सरपंच ने खबर करके सभी फालतू लोगों को बुलवा लिया था।

अधिकतर लोग संग्राम सिंह और सरपंच को राम-राम करने लगे, कोई पैर भी छू जाता। संग्राम सिंह को लगा कि मैं फालतू ही सोचता हूँ कोई इज्जत नहीं करता, मेरा गाँव तो आज भी मेरी इतनी इज्जत कर रहा है।

सब बैठ जाते हैं। ग्राम सभा की औपचारिकता के बाद सरपंच सबसे बात करना शुरू करता है। अपने गाँव में क्या चल रहा है, क्या नया हो सकता है। बात-बात में ही यह भी बताता है कि संग्राम सिंह जी ने हमारे लिए बहुत कुछ किया है, अब वो गाँव के लिए कुछ करना चाहते हैं। यह सुनकर गाँव के कुछ बच्चों के चेहरे पर रौनक आ जाती है। आज भी गाँव में यदि लोगों को सिर्फ इतना पता चल जाए कि कोई पैसेवाला व्यक्ति या अधिकारी उनके साथ है तो वे उत्साहित हो उठते हैं।

संग्राम सिंह ने बातचीत शुरू की। सबसे पहले सभी का परिचय लिया। बच्चों के परिचय के बाद सरपंच अपनी भाषा में समझा देता यह फलाने कौ मोड़ा है या ढिकाने का नाती, इस अंदाज़ में सभी आसानी से समझ जाते। गाँव में आज भी आपका परिचय आपके परिवार या पिता से ही होता है। उस परिचय के बाद उन्होंने पूछा, “आप बताओ क्या होना चाहिए?” एक चुपचाप-सा बैठा युवा जिसे सब हल्के के नाम से जानते थे, उठ खड़ा हुआ। देखने में नाम के विपरीत हट्टा-कट्टा, लंबा दिख रहा था, बोला, “मेरा नाम हरिशंकर है। मैं पिछले तीन साल से पुलिस की भर्ती देख रहा हूँ। हर बार लिखित परीक्षा में रह जाता हूँ, मेरा लिखित में जुगाड़ करवा दो, फिजीकल तो मेरा तैयार है।” यह सुनकर सब हँसने लगे। थोड़ी देर बाद बबलू उठ खड़ा हुआ। वह भी कहने लगा, “मैंने दो बार लिखित परीक्षा पास कर ली, लेकिन मैं फिजीकल में पास नहीं पाता।” यह सुनकर रीना जो उस गाँव में अतिथि शिक्षक थी, बोल पड़ी,

"मैंने बीएड कर लिया और कई साल से शिक्षक भर्ती परीक्षा दे रही हूँ, लेकिन सिलेक्ट नहीं हो पा रही क्या करूँ?"

राजेन्द्र की भी यही समस्या थी कि एसएससी का एग्जाम नहीं निकलता। एक बार निकला तो टाइपिंग का नहीं निकला। उनमें से कीर्ति बोल पड़ी, "मेरे पापा एग्रीकल्चर लेने की कह रहे हैं 11वीं में, जबकि मैं गणित लेना चाहती हूं।" तभी नीरज बोल पड़ा, "कई साल से टीचर की भर्ती नहीं हुई। उम्र निकल रही है, उम्र बढ़वा दो फॉर्म में।"

उनमें सबसे पीछे बैठा मोहन बोला, "मेरी समझ में यह नहीं आ रहा कि हम पढ़ क्यों रहे हैं! जब सबको गाँव में मेड़ के पीछे ही लड़ना है तो पढ़ के करेंगे क्या? कोई नौकरी तो है नहीं, जब भैंसों के साथ ही नहाना है तो क्यों इतनी मेहनत करें?" सभी हँसने लगे। यह सुनकर सरपंच बोल पड़ा, "यह तो पूरे गाँव की समस्या है संग्राम। आजकल सब प्राइवेट होता जा रहा है। हो सकता है आगे कलेक्टर और तहसीलदार भी प्राइवेट होने लगें।"

यह सुनकर संग्राम सिंह को समझ आ गया कि समस्या क्या है। उन्होंने महसूस किया कि सबसे बड़ी कमी जानकारी का अभाव है। इन बच्चों को राह दिखाने की जरूरत है। उन्हें लगा शायद यहीं से मदद शुरू की जानी चाहिए। उन्होंने इस विषय पर एक बड़े लेवल पर रोजगार और करियर से संबंधित जागरूकता बढ़ाने और अपने अनुभव के आधार पर जानकारी देने का विचार किया। उन्होंने सरपंच से मिलकर कहा, "गाँव के सभी बच्चों को बुलवा लो और आसपास के भी जो गाँव हैं, वहाँ भी खबर कर दो। जो आना चाहे उन्हें भी बुला लो।" सरपंच को भी यह बात जम गई और उसने दो दिन बाद रविवार को सबको बुलाने की खबर करने का विचार किया। उस दिन संग्राम सिंह सबसे बातचीत करके रविवार को गाँव के मैदान में आने की कह गए।

मैदान गाँव के अंतिम छोर पर था। पास ही गाँव का श्मशान घाट बना हुआ था। मैदान पर अब तक कब्जा हो चुका होता यदि वह गोचर भूमि के रूप में दर्ज न होता। इसके बाद भी कई बार लोगों ने कब्जा करने का प्रयास किया, लेकिन हर समय कोई न कोई भूत की कहानी प्रचलित हो जाती। उसकी आड़ में कब्जा रोकने का प्रयास होता

रहा। मैदान में एक जगह चबूतरा बना हुआ था जो श्मशान घाट में आने के समय लोगों के बैठने के काम आता था, उसी पर संग्राम सिंह जाकर बैठ गए। सरपंच और उसी गाँव के एक शिक्षक भी साथ आए थे। पास के गाँव का एक अन्य शिक्षक भी बुलाया गया था। कुछ देर हँसी-मजाक के बाद संग्राम सिंह ने बच्चों से यहाँ आने की वजह जाननी चाही। उस समय भी लगभग वही समस्याएँ और सवाल आए जो पहले दिन आए थे।

यह सब सुनकर संग्राम सिंह ने कहना शुरू किया, "मैं देख रहा हूँ आप सब सरकारी नौकरी से आगे नहीं सोच पा रहे हैं। सरकारी नौकरी एक बेहतर विकल्प है इसमें कोई शक नहीं है, लेकिन क्या यह संभव है कि सबको नौकरी दी जा सके?"

"क्यों संभव नहीं है?" नीरज ने जिज्ञासावश पूछा। उसके जवाबी सवाल पर संग्राम सिंह ने प्रश्न दागा और पूछा कि देश की कुल कितनी आबादी है?

किसी ने जवाब दिया-130 करोड़।

"बिल्कुल सही, और देश में कुल कितने सरकारी कर्मचारी हैं?"

किसी ने जवाब नहीं दिया तो संग्राम सिंह ने खुद ही बताया, "सिर्फ 2.50 करोड़, केंद्र व राज्य दोनों के मिलाकर। जितने पद रिक्त हैं या जितने अन्य पद बनाए जा सकते हैं यदि उन सभी को एक साथ भर दिया जाए तो भी कुल संख्या 3 करोड़ से ज्यादा नहीं हो पाएगी, जबकि आबादी है 130 करोड़ से ज्यादा। अब क्या होगा?"

सब चुपचाप सुनते रहे। संग्राम सिंह ने फिर कहा, "सरकारी नौकरी एकमात्र समाधान नहीं है, हमें इससे आगे सोचना होगा। लेकिन जो सरकारी नौकरी की तैयारी लंबे समय से कर रहे हैं वे करते रहें। यदि आप सिर्फ सरकारी नौकरी ही चाहते हैं तो अपने को उसके अनुरूप बनाना पड़ेगा जिससे सफलता के ज्यादा चांस हों।

"किसी भी संस्था, जिसके जरिए आप सिलेक्ट होना चाहते हैं पहले उसे जानना भी जरूरी है। मैं अपने अनुभव से इसकी जानकारी आप सबको देता हूँ, साथ ही उनके लिए आपको क्या चाहिए यह भी बताता हूँ। आज हम सरकारी नौकरी की ही बात करेंगे और कल इसके अलावा क्या कर सकते हैं उसकी।"

सब शांति से बैठकर सुनने लगे।

संग्राम सिंह के दिमाग में एक प्रश्न चल रहा था जो कल सरपंच ने पूछा था कि सब कुछ प्राइवेट होने वाला है तो ऐसा न हो भविष्य में कलेक्टर व तहसीलदार भी प्राइवेट हो जाएँ।

इस पर संग्राम सिंह ने कहा, "सरकार का निजीकरण का व्यवहार एक स्ट्रिपर्स कि तरह होता है।"

"यह क्या बला है? हम इतने पढ़े-लिखे नहीं हैं।" सरपंच ने पूछा।

"अमेरिका में डांस करने के लिए जिन लड़कियों को बुलाया जाता है उन्हें स्ट्रिपर्स कहा जाता है। स्ट्रिपर्स क्लब में आती हैं और डांस के दौरान धीरे-धीरे एक-एक करके कपड़े उतारती जाती हैं, और लास्ट में उनके बदन पर सिर्फ एक कपड़ा रह जाता है जिसे वो नहीं उतारतीं। वह कपड़ा ही उन्हें वेश्याओं से अलग करता है। बिल्कुल उसी तरह सरकार सब कुछ निजी करती जाएगी, लेकिन लास्ट में एकमात्र हथियार जिसे हम दंड कहते हैं वह अपने पास रखेगी। वही सरकार को अन्य सभी से अलग करेगा। यदि वह भी न रहा तो सरकार ही न रहेगी। इसलिए यह मत सोचो कि सब प्राइवेट हो जाएगा, सिर्फ सुविधाएँ प्राइवेट होंगी, सरकार नहीं।"

इसके बाद उन्होंने आगे कहा, "देश में अलग-अलग सरकारें होती हैं, जैसे केंद्र सरकार, राज्य सरकार, केंद्र शासित प्रदेश। इनमें भी कुछ ऐसी संस्थाएँ होती हैं जिनके अपने अलग से अधिकार होते हैं, जैसे नगरीय विकास निगम, विकास प्राधिकरण आदि। ये सभी अलग-अलग कार्य करते हैं पर एक-दूसरे के सहयोग से। बिल्कुल इसी प्रकार भर्ती करने वाली संस्थाएँ भी होती हैं। ये सरकार के अनुरूप भी होती हैं और विशेष डिमांड के कारण अलग भी हो सकती हैं, जैसे यूपीएससी, एसएससी, सभी राज्यों के लोक सेवा आयोग या सभी राज्यों की अलग-अलग राज्य स्तरीय भर्तियों के लिए निर्धारित संस्थाएँ, जैसे दिल्ली में डीएसएसएसबी है तो मध्यप्रदेश में व्यापमं। इनके अलावा यूजीसी, आईबीपीएस जैसी अन्य संस्थाएँ भी होती हैं जो विशेष योग्यता या विशेष संस्थाओं की भर्ती के लिए काम करती हैं। इसके साथ कुछ संस्थाएँ हैं

जिनके पास संसाधन और अनुभव हैं, वो स्वयं भर्ती करती हैं, जैसे नवोदय विद्यालय संगठन, केंद्रीय विद्यालय संगठन, दिल्ली मेट्रो, रेलवे बोर्ड आदि।"

"कुछ समझ नहीं आया चाचा।" योगेश बीच में खड़ा होकर बोला।

"चलो शुरू से समझाता हूँ।" संग्राम सिंह को इस बार अलग अनुभव हो रहा था और अच्छा भी लग रहा था। उन्होंने फिर बोलना शुरू किया, "केंद्र सरकार यानी भारत सरकार के जितने भी कार्यालय हैं, वो चाहे कोई मंत्रालय हो, मेडिकल संस्था हो, एजी ऑफिस हो, इनकम टैक्स डिपार्टमेंट हो, स्टेटिकल डिपार्टमेंट हो, दिल्ली पुलिस, आईटीबीपी जैसी सभी पैरा मिलट्री फोर्स हों या कोई भी अन्य संस्था हो, इन सभी में केंद्र सरकार द्वारा भर्तियाँ की जाती हैं। केंद्र अपनी सभी भर्तियाँ यूपीएससी या एसएससी के जरिए करता है।"

तभी मन्नू बोल पड़ा, "यूपीएससी से तो आईएएस बनते हैं बस, इतनी भर्ती कभी नहीं देखी।"

संग्राम सिंह मुस्कराते हुए बोले, "हाँ यह सच है कि यूपीएससी से आईएएस की भर्ती होती है, लेकिन ऐसा नहीं है कि यूपीएससी सिर्फ आईएएस की ही भर्ती करती है। केंद्र सरकार के सभी विभागों में सेकंड क्लास या इससे ऊपर के पद जो राजपत्रित होते हैं उनकी भर्ती यूपीएससी द्वारा की जाती है। इसमें यूपीएससी की सबसे प्रसिद्ध परीक्षा सिविल सर्विस है जिससे आईएएस भी बनते हैं, लेकिन उस एक परीक्षा में भी लगभग 20 प्रकार के पद होते हैं, जैसे आईएएस, आईपीएस, आईएफएस, आईआरएस। ये वो पद हैं जो हर कोई लेना चाहता है। इसके बाद के वो पद हैं जो लेने पड़ते हैं, जैसे इंडियन पोस्ट ऑफिस, इंडियन साल्ट सर्विस, आदि।"

तभी मोहन बोला "सर, सेकंड क्लास तो सबसे बेकार क्लास मानी जाती है, रेल्वे में भी सेकंड क्लास डिब्बा होता है।"

संग्राम सिंह फिर हँस पड़े, बोले, "नहीं, यह वो सेकंड क्लास नहीं है। यह पदों का वर्गीकरण है, जिसे मैं किसी और दिन बताऊँगा, अभी अपनी भाषा में यह जान लो कि एसडीएम या उससे बड़े अधिकारी

सभी सेकंड क्लास ऑफिसर या इससे ऊपर होते हैं। केंद्र में सभी ऐसी भर्तियाँ यूपीएससी करती है, चाहे वो अखिल भारतीय सेवा हो, केंद्र सेवा हो या पैरामिलट्री फोर्स के बड़े पद हों जैसे असिस्टेंट कमांडेंट या मेडिकल ऑफिसर या कई संस्थाओं में प्रोफेसर या रजिस्ट्रार जैसे पद, या कई संस्थाओं के प्रिन्सिपल जैसे पद। कुल मिलाकर वो सभी पद जिनका वेतनमान 5400 ग्रेड पे से ऊपर होता हैं, उनकी भर्ती यूपीएससी करती है।"

"चाचा जे ग्रेड पाय का होत है?" इस बार मोहन ने पूछ लिया।

"ग्रेड पे और क्लास दोनों इसके बाद बताता हूँ, यह वेतन जानने या कर्मचारियों के वर्गीकरण का एक तरीका है।"

"जे तो चाचा पहले बताओ हम वई हिसाब से तैयारी करें कोन की कितनी तनखा है?" अनिल बीच में से बोल पड़ा।

तभी उनमें से एक बच्चा बोला, "सर, हमने सुना है आप भी हमारे ही गाँव से हो, फिर आप कैसे कलेक्टर बने?"

संग्राम सिंह हँसने लगे। उन्होंने कहा, "हाँ, बिल्कुल बताऊँगा। एक दिन मैं आपको इसकी पूरी जानकारी दूँगा। अभी हम बात कर रहे थे यूपीएससी के बारे में। इस प्रकार के सभी पदों की भर्तियाँ यूपीएससी करती है। इनके अलावा जो इससे छोटे पद हैं, चाहे इंस्पेक्टर का हो, सब इंस्पेक्टर का हो या क्लर्क का हो या चपरासी का हो, उनकी भर्तियाँ एसएससी करती है।"

"सर, इंस्पेक्टर छोटा पद होता है क्या? आप तो वही दिलवा दो।" इस बार फिर एक युवक बोल पड़ा।

संग्राम सिंह फिर से हँसने लगे। वह बोले, "नहीं-नहीं, छोटा तो नहीं होता, लेकिन साथ में जो मैंने यूपीएससी के पद बताए हैं, उनसे निश्चित रूप से छोटा होता है।"

इतने में सरपंच भी बोल पड़ा, "पहले सुन तो लो, दारोगा बनोगे पहले से ही।"

संग्राम सिंह आगे कहना शुरू करते हैं, "जो भी चतुर्थ श्रेणी कर्मचारी, चपरासी, ड्राइवर इस प्रकार के पद से लेकर क्लर्क, एग्जीक्यूटिव ऑफिसर चाहे वो इंस्पेक्टर रैंक तक के पद हों, उन सभी की

भर्ती एसएससी के जरिए केंद्र सरकार के द्वारा कराई जाती है। इसके अलावा कुछ संस्थाएँ स्वयं भी ऐसी भर्तियाँ कर लेती हैं, जैसे कि रेलवे। रेलवे अपने पदों पर तृतीय श्रेणी तक के कर्मचारियों की भर्ती खुद करता है। इसके ऊपर भर्तियाँ यूपीएससी द्वारा कराई जाती हैं। उसके पास संसाधन है तो खुद आयोजित करते हैं।

"आमतौर पर हमारे चारों तरफ जो भी केंद्र सरकार के तृतीय श्रेणी के कर्मचारी दिखाई देते हैं वे चाहे क्लर्क हों या किसी डिपार्टमेंट में इंस्पेक्टर रैंक तक के भी कर्मचारी हों, वे सभी एसएससी के द्वारा ही भर्ती किए जाते हैं। या यूँ कहें कि हमारे चारों तरफ जो भी केंद्र सरकार के तृतीय श्रेणी के कर्मचारी दिखाई देते हैं वे सभी कर्मचारी एसएससी के द्वारा ही भर्ती किए जाते हैं। तो कुल मिलाकर यह यही दो महत्वपूर्ण संस्थाएँ हैं जो केंद्र सरकार के कर्मचारियों-अधिकारियों की भर्तियाँ करती हैं। दोनों में अंतर अधिकारियों के पद के प्रकार का है, इसके अलावा दोनों का प्रोसेस लगभग एक-सा है।

"इनके अलावा यही सभी भर्तियाँ यदि राज्य स्तर पर की जा रही हैं तो इन भर्तियों को राज्य के लोक सेवा आयोग के द्वारा आयोजित कराया जाता है, जैसे डिप्टी कलेक्टर का पद हो, एसडीएम का पद हो, डीएसपी का पद हो या कोई भी अन्य बड़े पद हों, इन सबकी भर्तियाँ राज्य लोक सेवा आयोग द्वारा कराई जाती हैं। वहीं राज्य स्तर पर यदि कर्मचारियों की भर्ती कराई जा रही हो चाहे वह क्लर्क हो या कम्प्यूटर ऑपरेटर हो या चतुर्थ श्रेणी चपरासी हो, या कोई एग्जीक्यूटिव जैसे कि फूड इंस्पेक्टर हुआ, लेबर इंस्पेक्टर हुआ इस प्रकार के कोई भी पद हों, तो इनकी भर्ती राज्य सरकार के द्वारा बनाई गई किसी भी संस्था के द्वारा कराई जा सकती है। जैसे मध्यप्रदेश में व्यापम है, दिल्ली में डीएसएसबी है, वहीं उत्तर प्रदेश में उत्तर प्रदेश सबोर्डिनेट बोर्ड है। इस प्रकार की किसी भी संस्था द्वारा ऐसी भर्तियाँ कराई जाती हैं। मतलब जो काम केंद्र में एसएससी करती है वही राज्य में राज्य की कोई संस्था करती है।"

यह सुनकर रमेश बोला, "अपने गाँव से एक लड़के का बैंक में हुआ है उसने तो इनमें से कोई परीक्षा नहीं दी थी। और जो पिल्लू ताऊ को मोड़ा सिलैक्ट भाओ बा ने तो कोई परीक्षा नहीं दी।"

यह सुनकर संग्राम सिंह बोले, "बिल्कुल सही कहा, कुछ संस्थाएँ खुद भी अपने-अपने क्षेत्र के लिए अलग से भर्तियाँ कराती हैं। जैसे मान लीजिए किसी एक संस्था को विशेष प्रकार के नॉलेज के कर्मचारी की जरूरत है तो उसकी भर्ती के लिए उसने पहले किसी से भर्ती आयोजित नहीं कराई तो वह खुद भी करा सकती है। जैसे कोई मेडिकल कॉलेज हुआ या कोई आपके आसपास ऑटोनॉमस बॉडी हो, कोई विश्वविद्यालय हो सकता है, कोई नवोदय विद्यालय जैसी संस्था हो सकती है या आपके नजदीक कोई भी राज्य स्तरीय संस्था हो सकती है, कोई नगर निगम हो सकती है, इन सभी के द्वारा खुद-ब-खुद भर्तियाँ अपने लेवल पर करा ली जाती हैं।

"कई बार यह भर्तियाँ किसी विशेष लाभ के उद्देश्य भी करा ली जाती हैं तो कई बार जरूरत के अनुसार भी करा ली जाती हैं। छोटी संस्था जैसे नगरीय निकाय जैसे संस्थानों में आमतौर पर छोटे लेवल पर कराई जा रही भर्ती संविदा या आउटसोर्सिंग पर ज्यादा होती है, नियमित भर्तियों को इन सभी संस्थाओं में धीरे-धीरे कम किया जा रहा है।"

"हाँ आजकल पंचायत में भी यही हो रहा है। पता नहीं सरकार को इसमें क्या मिल रहा है।" सरपंच ने संग्राम सिंह को देखकर बीच में टोकते हुए कहा।

"सही कह रहे हो सरपंच, इसमें सरकार का फायदा है इसलिए यह हो रहा है। सन् 1991 के बाद जब देश में उदारीकरण, वैश्वीकरण, निजीकरण का माहौल बढ़ने लगा तो सरकार ने बीच का रास्ता निकाला। इसमें सरकार भर्तियाँ तो करती है पर वह नियमित पद जैसे पहले जो भर्तियाँ होती थीं उस पर ना करते हुए एक बीच के रास्ते में संविदा पर या किसी ठेके पर आउटसोर्स पर भर्ती कर लेती है। इसके लिए कुछ सरकार की मजबूरियाँ भी हैं, जैसे सरकार को पेमेंट कम करना पड़ा तो वहीं कुछ चालाकियाँ भी हैं जिसके कारण सरकार ने ऐसा किया। संविदा क्या होती है, आउट सोर्स क्या होता है, ये सब चीजें मैं आपको बताऊँगा कुछ समय बाद। कुल मिलाकर आप यह समझ लो कि कुछ संस्थाएँ हैं जो किसी प्रकार की भर्ती के लिए ऑथराइज्ड हैं या उन्हें अधिकार दिए गए हैं जो रिक्रूटमेंट करके देशभर से, राज्य से लोगों को चुनकर संस्था में इनिशियल

पद पर भर्ती करती हैं, जिसमें बड़े पद के लिए यूपीएससी, राज्य लोक सेवा आयोग वहीं छोटे पदों के लिए एसएससी या अन्य कोई भी राज्य स्तरीय संस्था हो सकती है। इसके अलावा कई अन्य ऑटोनॉमस संस्थाएँ भी अपनी भर्तियाँ करा सकती हैं, नगरीय निकाय करा सकते हैं, पंचायत विभाग करा सकते हैं। कोई भी अन्य प्रकार के छोटे-छोटे विभाग अपने लेवल पर आते हैं। इनके अलावा संविदा और आउट सोर्स यही एक अलग तरीका निकाल लिया गया है जिसकी भर्तियाँ आजकल हमें सबसे ज्यादा देखने को मिलती हैं। स्वास्थ्य विभाग हो, पंचायत विभाग हो, नगरीय निकाय हो, इनमें आजकल हमें आउट सोर्स, संविदा ही ज्यादा देखने को मिलते है।

"अब बात आती है कि कौन किस जगह अप्लाई कर सकता है? तो देखो, जिस प्रकार पद, वेतनमान या राजपत्रित, अराजपत्रित इन सब आधारों पर बाँटा जाता है, उसी प्रकार पद को बाँटने का एक और आधार है उसकी योग्यता। योग्यता के आधार पर पद हमेशा बाँटे जाते हैं। यूपीएससी के द्वारा जो भी भर्तियाँ की जाती हैं उनमें कम से कम ग्रेजुएशन एक मिनिमम क्वालिफिकेशन होती है। इसके अलावा जरूरत या पद की योग्यता अनुरूप अलग-अलग क्वालिफिकेशन हो सकती हैं जो कम से कम ग्रेजुएशन है। उससे ज्यादा भी होती है। कभी-कभी टेक्निकल भी हो सकती है, कभी नॉन टेक्निकल भी हो सकती है पर मिनिमम स्नातक होती है। उससे ऊपर के पद यूपीएससी में ही आते हैं। इसके अलावा एसएससी में जो पद आते हैं उनके लिए मिनिमम ट्वेल्थ पास। पोस्ट ग्रेजुएशन तक के कुछ पद तक रहते हैं। सबसे ज्यादा पद एसएससी में ट्वेल्थ पास के लिए हैं जिसे सीएचएसएल कंबाइंड हायर सेकेंडरी एग्जाम के नाम से वर्तमान में एसएससी आयोजित कराती है। पहले ये अलग-अलग पद के लिए अलग-अलग एग्जाम आयोजित करती थी, पर अब केंद्रीकृत एग्जाम कर दिया गया है। वहीं ग्रेजुएशन लेवल के लिए सीजीएल के नाम से एक्जाम आयोजित करती है। इसमें कई प्रकार के पद आ जाते हैं, जैसे, एमटीएस (मल्टी टास्किंग स्टाफ); यह चतुर्थ श्रेणी कर्मचारी का नाम बदलकर कर दिया गया है। इसके अलावा क्लर्क और डाटा एंट्री ऑपरेटर, पुलिस में कांस्टेबल, सब इंस्पेक्टर, इंस्पेक्टर

सहित अन्य विभागों में इंस्पेक्टर या इसके समकक्ष के पद एसएससी के द्वारा आयोजित कराए जाते हैं, जिसमें ट्वेल्थ पास, ग्रेजुएशन या ग्रेजुएशन में भी स्पेशल क्वालिफिकेशन जैसे स्टैटिकल इन्वेस्टिगेटर के लिए मैथमेटिक्स से कुछ सब्जेक्ट माँगे जाते हैं, इंस्पेक्टर, सब इंस्पेक्टर के लिए फिजिकल योग्यता निर्धारित की जाती है, उस पद के अनुरूप जो भी जरूरत है उसके अनुरूप अलग से माँग ली जाती है। कुल मिलाकर एसएससी में आप ट्वेल्थ से लेकर ग्रेजुएशन और उसके बाद के भी कुछ योग्यता के आधार पर अप्लाई कर सकते हैं। मतलब ग्रेजुएशन तो आपको चाहिए ही चाहिए। बिल्कुल यही प्रक्रिया राज्य में है। राज्य लोक सेवा आयोग के द्वारा जो भी पद आयोजित कराए जाते हैं, उनमें मिनिमम क्वालिफिकेशन ग्रेजुएशन होती है। वही अन्य संस्थाओं के द्वारा जो पद आयोजित कराए जाते हैं उसमें दसवीं, बारहवीं, ग्रेजुएशन तक की योग्यता माँगी जा सकती है। इसके अलावा स्पेशल योग्यता से संबंधित जो पद होते हैं, जैसे प्रोफेसर है, डॉक्टर है, उनके लिए स्पेशल क्वालिफिकेशन माँगी जाती है।

"बिल्कुल यही प्रक्रिया रेलवे में है। रेलवे में कई पद हैं। क्लर्क हो, टीसी हो, सबके लिए ट्वेल्थ पास और असिस्टेंट स्टेशन मास्टर जैसे पद या इसके ऊपर के पद के लिए ग्रेजुएशन। इसके बाद के किसी भी पद की रेलवे यूपीएससी से भर्ती करता है। इनके अलावा सभी डिपार्टमेंट के जो टेक्निकल पद है जैसे इंजीनियर, सब इंजीनियर, जूनियर असिस्टेंट इंजीनियर या और भी कई प्रकार के ऐसे पद इनके लिए क्वालिफिकेशन संबंधित इंजीनियरिंग डिप्लोमा माँगी जा सकती है व अलग से वैकेंसी निकाली जाती है। जैसे एसएससी में इंजीनियरिंग के लिए अलग से पद निकलते हैं, यूपीएससी में आईईएस यानी इंडियन इंजीनियरिंग सर्विस के नाम से अलग से पद निकाले जाते हैं। वहीं अन्य राज्य सरकारें भी बिल्कुल यही पैटर्न अपनाती हैं, लोक सेवा आयोग हो या कोई और संस्था।"

"अच्छा तो यह बताओ कि शुरुआत कहाँ से करें?" सरपंच ने बच्चों की तरफ से सवाल किया।

"शुरुआत जहाँ से भी करना चाहो वहीं से कर सकते हो।" फिर थोड़ी देर रुककर बोले, "हम यदि इस पूरी जिंदगी को देखें, तो बिल्कुल ऐसे ही है जैसे हम एक सर्किल में हैं और इसके कॉर्नर पर खड़े हैं। और हम यह जानना चाहें कि इसमें कौन कॉर्नर पर है, तो कोई जवाब नहीं बल्कि सभी कॉर्नर पर हैं। और सभी शुरू में हैं, और सभी बीच में। बिल्कुल ऐसी ही जिंदगी है, जब हमें यह आभास हो जाए कि अब हमें शुरुआत करनी है तभी आप शुरू कर सकते हैं, उसी समय। वैसे आपके पूरे जीवन में सफलता का सबसे ज्यादा निर्धारण करता है आपका विद्यालय का जीवन। आप एक स्कूल में प्राइमरी से लेकर हायर सेकंडरी तक किस लेवल से पढ़े हैं यह सबसे ज्यादा महत्वपूर्ण है। इसका कोई विकल्प नहीं है। यदि अपने विद्यालय में बेहतर तरीके से पढ़ाई नहीं की या अपने इस समय को यूज नहीं किया तो आप इसकी पूर्ति इतनी आसानी से नहीं कर पाएँगे। या हो सकता है आप ना भी कर पाएँ। इसके बाद आपका एटीट्यूड और आपका एप्टिट्यूड ये दो चीजें महत्वपूर्ण हैं।

"अच्छा चलिए, पहले हम बात करते हैं क्वालिफिकेशन के अनुसार पोस्ट की। सबसे पहले देखें कि दसवीं के आधार पर क्या किया जा सकता है। दसवीं के आधार पर सबसे पहले और सबसे ज्यादा जगह निकलती हैं एमटीएस की। यह एसएससी के द्वारा निकाली जाती है। एमटीएस मतलब मल्टी टास्किंग स्टाफ। ये बेसिकली चतुर्थ श्रेणी कर्मचारी के पद हैं जिनका नाम बदलकर एमटीएस कर दिया गया है। इसके अलावा चपरासी, कई विभागों में ड्राइवर या अन्य कई प्रकार के पद जो चतुर्थ श्रेणी के हैं, वे सभी एसएससी या अन्य संस्थाओं के द्वारा दसवीं के आधार पर निकाले जाते हैं। इसके अलावा आप यदि दसवीं के बेस पर ही कुछ अच्छे पद लेना चाहें तो तो उसका यह उपाय है कि टेंथ के जस्ट बाद डिप्लोमा, आईटीआई जैसी कोई चीज कर ली जाए, जिससे आप किसी स्पेसिफिक फील्ड में जा सकें।

"इसके बाद बारहवीं के बेस पर सबसे ज्यादा वैकेंसी निकाली जाती है। इसमें सबसे फेमस है एलडीसी, यूडीसी, डाटा एंट्री ऑपरेटर, पटवारी, कॉन्स्टेबल। इस प्रकार के कई विकल्प हैं। क्लेरिकल पदों में ट्वेल्थ माँगी जाती है, पर आजकल टेक्नोलॉजी बढ़ने के कारण समय

की माँग के अनुरूप ट्वेल्थ के बाद कुछ अन्य प्रकार के डिप्लोमा भी प्राथमिकता में आने लगे हैं जिनके बाद आपके पास और ज्यादा विकल्प खुल जाते हैं। जैसे आप ट्वेल्थ के बाद टाइपिंग, कंप्यूटर कोर्स करके कई विभागों में कम्प्यूटर ऑपरेटर बन सकते हैं, जहाँ विशेष रूप से ये माँगे जाते हैं। इसके अलावा आप डिप्लोमा इन एजुकेशन यानी डीएड करके टीचर बन सकते हैं। स्टेनो करके स्टेनो बन सकते हैं। आईटीआई, पॉलीटेक्निक जैसे कई प्रकार के डिप्लोमा करके आप इस फील्ड में अन्य सामान्य व्यक्तियों से थोड़ा-सा आगे बढ़ सकते हैं।

"अब हम बात करते हैं ग्रेजुएशन के बाद की। ग्रेजुएशन के बेस पर जो पद निकलते हैं उनकी सबसे ज्यादा डिमांड होती है। हमारे आस-पास यदि हम देखें तो ग्रेजुएशन के बेस पर जो सबसे छोटे पद हैं वे भी अकाउंटेंट, सब इंस्पेक्टर जैसे पद होते हैं जिनकी डिमांड सबसे ज्यादा है। उसके बाद सभी प्रकार के प्रशासनिक अधिकारियों के पद चाहे वो एसएससी के जरिए इनकम टैक्स इंस्पेक्टर का पद हो या यूपीएससी के जरिए आईएस का पद, इन सभी की क्वालिफिकेशन मिनिमम ग्रेजुएशन से शुरू होती है या अधिकांश में सिर्फ ग्रेजुएशन ही होती है। एग्जाम क्वालिफाई करके आप कुछ भी बन सकते हैं, क्योंकि इन सभी में सिंपल ग्रेजुएशन माँगी जाती है। इनकी तैयारी करने वाले सबसे ज्यादा लोग होते हैं, इसलिए इनमें कंप्टीशन भी उतना ही ज्यादा है। इसके अलावा कुछ ऐसे पद हैं जहाँ ग्रेजुएशन के बाद कुछ विशेष प्रकार का डिप्लोमा करके आप सिलेक्शन ले सकते हैं। वहाँ पद भी अच्छा है और कंप्टीशन तुलनात्मक रूप से इनसे कम है, जैसे शिक्षक। बीएड करके और आगे जाना चाहें तो नेट क्वालिफाई कर सकते हैं। आप ग्रेजुएशन के बाद कई प्रकार के कंप्यूटर से संबंधित स्पेशल कोर्स कर सकते हैं।

"मतलब अभी तक यदि हम देखें तो ग्रेजुएशन एक ऐसा ऑप्शन है जो आपके लगभग सभी रास्ते खोल देता है। इसके बाद आप किसी एक स्पेशल फील्ड में जाना चाहें तो उसका रास्ता भी ग्रेजुएशन के बाद ही खुलता है। आप किसी टीचिंग डिपार्टमेंट में जाना चाहें या फिर टेक्नोलॉजी में जाना चाहें या पुलिस में अधिकारी बनना चाहें या प्रशासनिक अधिकारी बनना चाहें या किसी भी अन्य प्रकार की फील्ड में

चाहे वह इंजीनियरिंग हो मेडिकल हो उसमें जाना चाहें। इसके अलावा कई प्रकार के पद ऐसे हैं जिनमें ग्रेजुएशन के साथ स्पेशल क्वालिफिकेशन माँगी जाती है, जैसे इंजीनियर, सिविल इंजीनियर, असिस्टेंट इंजीनियर, सब इंजीनियर, इन सबमें इंजीनियरिंग डिप्लोमा माँगा जाता है। इसके अलावा जैसे फूड इंस्पेक्टर का पद है उसमें किसी विशेष सब्जेक्ट से क्वालिफिकेशन माँगी जाती है। फॉरेस्ट ऑफिसर में भी ऐसा ही है। इस प्रकार कुछ अलग से सब्जेक्ट हैं, जैसे ड्रग इंस्पेक्टर है उसमें अलग से क्वालिफिकेशन है, उनके लिए अलग से स्पेशल क्वालिफिकेशन माँगी जाती है।

"इसके बाद यदि हम आगे बढ़ें तो पोस्ट ग्रेजुएशन आता है। पोस्ट ग्रेजुएशन का विशेष कोई फायदा नहीं होता यदि आप इन नॉर्मल जॉब में जाना चाहते हैं या प्रशासनिक डिपार्टमेंट में जाना चाहते हैं। पोस्ट ग्रेजुएशन का सिर्फ तभी फायदा है जब आप किसी स्पेसिफिक फील्ड में आगे बढ़ना चाहें, जैसे आप किसी विषय में टीचर बनना चाहें उसी फील्ड में और आगे प्रिंसिपल तक जाना चाहें या प्रोफेसर बनना चाहें तब आपको पोस्ट ग्रेजुएशन करने की जरूरत पड़ती है, अन्यथा पोस्ट ग्रेजुएशन की नॉर्मल शासकीय जॉब में कोई आवश्यकता नहीं होती। कुछ पद मान सकते हैं, कुल पदों का लगभग 10 परसेंट ऐसा है जो पोस्ट ग्रेजुएशन की डिमांड करता है। इसके अलावा सिर्फ स्पेशल पद हैं, वो चाहे प्रोफेसर हो, टीचर हो, जिनमें यह माँगा जाता है।"

यह सब बताते-बताते लगभग दो घंटे निकल चुके थे। कई लोग ऐसे भी थे जो यह सब समझ नहीं पा रहे थे। अब उन्होंने अगले दिन मिलने का फैसला किया।

संग्राम सिंह की बातें अधिकतर बच्चों के स्तर की नहीं थीं। उनकी बातें लोगों को समझ में नहीं आईं और धीरे-धीरे लोगों का आना कम होने लगा। इधर संग्राम सिंह को लगा कि गाँव में जब तक रुके हैं तो जमीन का काम निपटा लें, तो उन्होंने पटवारी, तहसीलदार व बड़े अधिकारियों से कहकर जमीन के सभी प्रकार के काम करवा लिए। वह किसी काम के लिए रिश्वत भी न देते थे और उनसे कोई माँगता भी न था। उस गाँव का पटवारी उनकी इस बात से सबसे ज्यादा प्रभावित हुआ था।

पटवारी का नाम मनोहर लाल था। उसने यह बड़ा गाँव जिसमें तहसील में सबसे ज्यादा रकबा व राजस्व आता था, बड़ा खर्चा करके लिया था। गाँव में नदी किनारे एक मंदिर भी था जहाँ लगातार श्रद्धालु आते थे। एक पुराना रेस्ट हाउस भी था।

संग्राम सिंह ने अपना सारा काम फ्री में करा लिया। चूँकि जिले के कलेक्टर तक उनको सलाम करते, तो पटवारी सम्मान और डर की मिलीजुली प्रतिक्रिया में उनके सभी काम फोन पर कर देता। लेकिन कुछ समय बाद पटवारी ने देखा कि उन्होंने गाँव के सभी लोगों को प्रभाव में ले लिया और जागरूक करना शुरू कर दिया है। लोगों ने भी पटवारी की खुशामद बंद कर दी व धीरे-धीरे पटवारी को होने वाली आय प्रभावित होने लगी।

पटवारी ने सोचा कि इनका तो ठीक था पर अब पूरे गाँव से इनकम बंद हो यह ठीक नहीं है। उसने एक उपाय खोजा। उसने संग्राम सिंह के पड़ोस के एक खूँखार व्यक्ति को भड़काकर कहा कि तुम्हारी एक बिस्वा जमीन इन्होंने गलत नपवा ली। बस अब क्या था, संग्राम सिंह का रहना मुश्किल हो गया। पर वह भी आम आदमी नहीं थे, ज्ञान और संपर्क की बदौलत कुछ भी कर सकते थे। आखिर उन्होंने जिले के कलेक्टर को कहकर जमीन नपवाने का ऑर्डर करवा दिया। अब जमीन नापने का काम तो पटवारी का ही है, कलेक्टर को तो नापना आता नहीं है। आखिर जमीन नापी गई और सच में एक बिस्वा जमीन उनके घर में निकाल दी। अब तो माहौल बदल गया। संग्राम सिंह ने उस सीमांकन के आदेश को चुनौती दी और वहाँ से कुछ दिन के लिए बाहर चले गए। उन्होंने कहा कि अब गाँव रहने लायक नहीं बचा।

कुछ दिन बाद उन्होंने उस पटवारी को बुलाया और उससे प्यार से बोलकर बड़ी रकम ऑफर कर दी व इस समस्या का समाधान करने को कहा। फिर क्या था, अगली बार जमीन सही निकली। उस किसान को भी पटवारी ने बहुत अच्छे से कन्विंस किया और वह किसान सम्मान से सभी को नमस्कार करके घर चला गया।

उस घटना के एक साल बाद एक दिन पटवारी ने एक एसडीएम साहब को बताया कि एक कड़ी निकालकर जरीब छोटी करके जमीन नापी थी।

यह सुनकर एसडीएम साहब ने कहा, “यदि वह पकड़ लेते तो?”

“तो साथ में दूसरी जरीब भी थी, उन्हें वही चेक कराई जाती।”

“लेकिन फिर ऊँचा-नीचा करके जमीन नापते, पर निकलती तो कम ही।”

“इन कलेक्टरों को इतना पता होता फिर पटवारी न होते, इन्होंने सिर्फ किताबें पढ़ी हैं, इंसान नहीं।”

वर्तमान में संग्राम सिंह जी नोएडा में ही रहते हैं। गाँव में उनकी ज्यादा लोगों से बनती नहीं है। सभी लोग मेहमान के रूप में तो स्वीकार करते हैं पर यह नहीं चाहते कि उनके साथ ही रहें।

# मनीष भार्गव की अन्य रचनाएँ

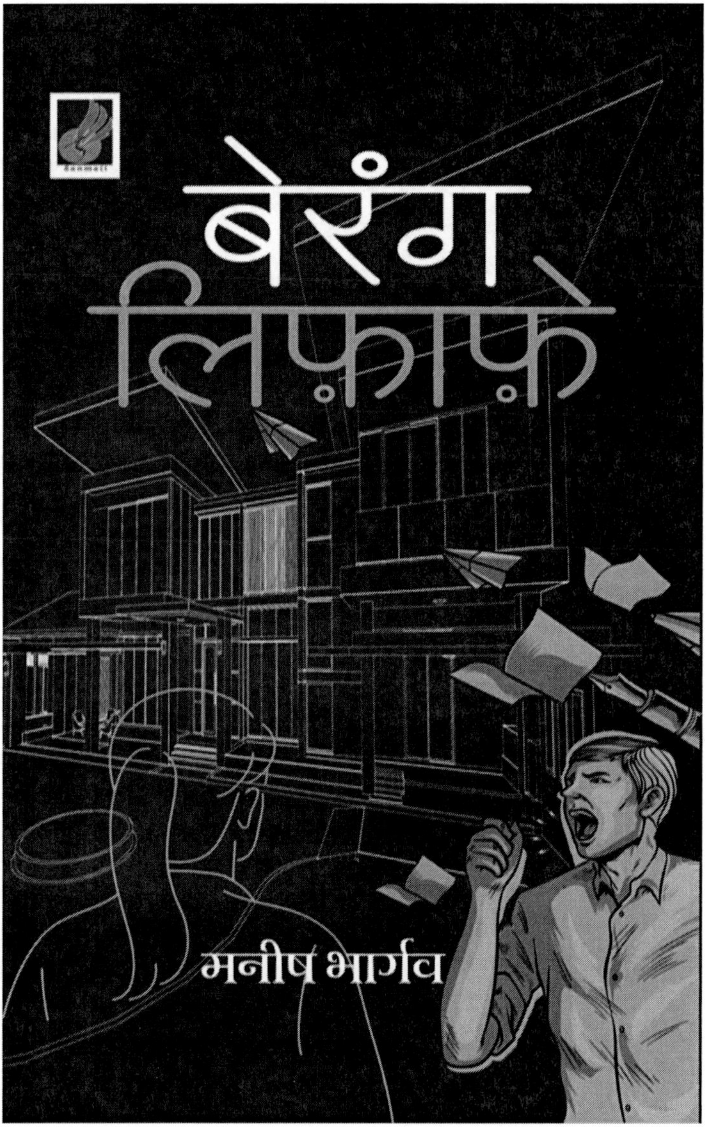

नल
दमयंती
सतयुग की अमर गाथा
मनीष भार्गव